쉽게 풀어 쓴
상례(喪禮)와 제례(祭禮)

金昌善 지음

자유문고

서 문(序文)

상례(喪禮)란 사람이 죽음에 임박한 때부터 시신을 갈무리
하여 묘지에 매장하기까지의 절차와, 죽은 사람의 근친(近親)
들이 슬픔을 자제하며 근신하는 기간의 의식(儀式) 절차를 뜻
하는 것이다.

제례(祭禮)는 돌아가신 조상(祖上)들의 기일(忌日)이 다가
오면 조상들이 살아 계셨을 때의 모습을 재현시키고 살아 계
셨을 때와 같이 정성을 다해 그 날을 기리는 것이며 뒷사람들
에게 공경의 예를 가르치는 교육의 한 과정이기도 하다.

그러나 세월이 흐르고 생활여건이 변화되면서 가치관과 의
식의 전환으로 상례와 제례에 대한 변화가 일어났다.

오늘날에는 상례와 제례의 방식들이 후손들의 편의위주에
의해 변형되어 그 의미가 퇴색되어 가고 있는 실정이다.

이에 따라 자손들이 상례와 제례의 깊은 뜻을 알지 못하고
있으며 또 진행과정의 의미도 제대로 알지 못한 채 제각각의
편리에 따라 간소화시켜서 옛 선조들의 기본 뜻을 망각한 상
태에서 자신들의 편의위주로 모셔오고 있는 실정이다.

이러한 현실에서 현대사회를 살아가고 있는 젊은 세대들이
쉽게 알 수 있고 선조들이 받들어 오던 깊은 뜻을 다소나마
근접시킨다는 취지에서 옛날의 상례와 제례의 기본 취지와

그 예절을 되새겨보고 또 허례허식을 없애기 위해 우리 사회
에서 권장하고 있는 가정의례준칙에 따른 상례와 제례도 제
시해 본다.
　현대를 살아가는 세대 특히, 젊은 세대가 쉽게 다가갈 수 있
도록 자세한 해설과 실례를 덧붙였다.
　이러한 의미에서 조상들이 전래해 온 상례와 제례의 근본 취
지도 알고 또 간략화 되어가는 오늘날의 상례와 제례를 살펴
서 선조들이 남긴 것들을 다시 반추해 보는 것도 의미깊은 일
이라 하겠다.

　이 책에 실린 사진자료는 『월간중앙』 권태균 기자의 제공으
로 이루어졌다.

　1999. 4월
　김 창 선

제1부 **상장례**(喪葬禮)

제2부 제 례(祭禮)

Ⅰ. 제례(祭禮)의 의의(意義) / 120

Ⅱ. 제례의 종류(種類) / 120

제3부 **부 록**

1부

상장례
(喪葬禮)

Ⅰ. 상장례(喪葬禮)의 의의(意義)

상장례는 사람이 죽음을 맞이한 이후부터 본인(本人)이 아닌 다른 생존자(生存者)에 의하여 치르어지는 한 인생(人生)을 종결시키는 통과의례(通過儀禮)의 마지막 관문이다.

임종(臨終)부터 염습(殮襲), 발인(發靷), 치장(治葬), 우제(虞祭), 소상(小祥), 대상(大祥)까지의 절차를 상례라고 한다.

『예서(禮書)』에는 "소인(小人 : 수양이 덜된 사람)의 죽음은 육신이 죽은 것이기 때문에 사(死)라 하고, 군자(君子 : 수양이 된 사람)의 죽음은 도(道 : 사람 노릇)를 행함이 끝난 것이기에 종(終)이라 하고 사(死)와 종(終)의 중간을 택하여 없어진다는 뜻인 상(喪)을 써서 상례(喪禮)라 한다."고 했다.

죽음은 일생 동안 고난과 기쁨을 함께 하던 가족 친지들과 영원히 헤어지게 되는 것이므로 상례는 엄숙(嚴肅)히 진행되어야 하는 것이다.

현재의 상례는 편의 위주로 변형 되어가고 정부에서도 가정의례준칙(家庭儀禮準則)을 제정하여 관혼상제(冠婚喪祭)의 간편화를 권장하고 있다.

이에 따라 과거(過去)에 비하여 부분적인 변화는 있을지언정 상장례(喪葬禮) 관례는 이미 사장된 다른 의례보다는 변화의 폭이 적으며 대체로 전래의 의식을 대부분 답습하고 있다

Ⅱ. 초종(初終)

초종(初終)은 사람이 사람노릇의 끝남이 시작된다는 의미로 초상이 난 뒤부터 졸곡(卒哭)까지를 말하며 상장례(喪葬禮)의 준비와 시작단계에 해당한다.

초종을 통하여 죽음을 확인하고 상례(喪禮) 전반에 걸쳐 준비를 한다. 임종(臨終), 수시(收屍), 사잣밥 차리기, 초혼(招魂), 발상(發喪), 호상(護喪) 등으로 이루어진다

첫째날

1. 임종(臨終)

사람이 병이 위독하여 죽음을 예견하고 도저히 회복될 가능성이 없으면 임종을 맞을 준비를 위해 자기집 안방에 모신다.

『예서(禮書)』에는 이를 '천거정침(遷居正寢)'이라 하여 남자는 사랑방에, 여자는 안방에 옮겨 임종하도록 하는 것을 말하는데 현재는 남녀를 구분하지 않고 안방 아랫목에 모시는 것이 일반적이다.

안방에 모신 환자의 머리를 동쪽으로 향하도록〔환자의 머리를 동(東)쪽으로 향하는 것은 동쪽을 기준으로 웃어른을 모시기 때문이라는

설과 동쪽은 해가 뜨는 곳이라서 밝음의 상징이고 태어남의 시작이며 또한 환자의 소생을 바라는 뜻에서 머리를 동쪽으로 둔다는 설이 있음) 하고 객지(客地)에 나가 있는 자식들과 가까운 근친(近親)들에게 연락하여 모이도록 한 후 환자의 손발을 잡고 숨이 넘어가는 것을 지켜보는 것을 임종(臨終)이라 한다.

환자의 절명(節命)은 숨이 끊어졌는가 확인하는 것이다. 환자의 입이나 코에서 찬바람이 나는 것으로 판단하기 때문에 환자의 입과 코에 솜을 올려놓아 확인하는데 이를 속광(屬纊)이라 한다. 이때 솜을 사용하는 이유는 솜은 아주 가느다란 숨결에도 쉽게 움직이기 때문에 숨결을 살피기 쉬워 솜을 이용하는 것이다.

객사(客死)한 경우에는 병원 등에서 장례를 치르는데 부득이 한 경우 집안으로 모실 때에는 대문으로 시신(屍身)이 들어오지 못하고 담을 넘어 들어오게 하여 시신을 안치한다〔시신이 대문으로 들어오면 악귀가 시신을 쫓아와 후손 중에 객사하는 사람이 나온다고 하여 악귀를 담으로 막기 위하여 시신을 담으로 들여와 안치함〕.

— 시신은 북쪽 문옆에 눕히는데 이것은 영혼의 세계가 북쪽에 있어 문을 열면 영혼의 세계와 맞닿는다는 의미이다.
— 운명 전후에, 남자(男子)가 운명할 때는 여자(女子)가, 여자(女子)가 운명할 때는 남자(男子)가 손을 잡지 않는데 이는 부부(夫婦)간에도 마찬가지이다. 그 이유는 유교(儒敎)의 남녀유별(男女有別)에서 유래(由來)된 것이나 부모와 자식간에는 해당되지 않으며, 현대에는 큰 의미가 없는 것 같다.
— 임종이 임박하면 방을 치우는데 그 이유는 그 방안에 있는 것을 죽은

사람이 함께 가지고 간다고 생각하기 때문이며, 산 사람을 위해 남겨
야 할 것은 다른 방으로 치우는 것이다.

전에는 자식이 부모(父母)의 임종을 지켜보지 못하면 가장
큰 불효로 알고 평생 죄스럽게 생각하였다. 또 오복(五福) 중
의 하나인 고종명(考終命)은 사람이 제 명대로 살다가 자식들
이 지켜보는 앞에서 편히 눈을 감는 것을 뜻한다

2. 운명(殞命)

환자가 숨을 거두면 가족들은 흰옷으로 갈아 입고 몸에 지닌
금붙이를 제거하고〔금붙이를 제거하는 일은 죽은 사람의 자식을 죄인
(罪人)으로 여겨 극단적인 애도(哀悼)를 표시하기 위하여 사치스런 물
품을 몸에 착용하지 않는다는 뜻이 포함되어 있다〕통곡(哭)을 하며,
근친들도 슬픔을 표한다.

옛날에는 소리내어 가슴을 치면서 통곡하는 일을 애곡벽용
(哀哭僻踊 : 애통하게 곡을 하며 발을 구른다)이라 하였으나 최근
에는 일부러 소리내어 곡을 할 필요까지는 없으나 그렇다고
슬픈데 울음소리까지 억제할 필요도 없다.

시신이 있는 방은 비우지 않는다. 형제 중에서 부득이 할 경
우는 번갈아 가면서라도 지키고 있는 것이다.

3. 초혼(初魂)

운명한 망인(亡人)의 몸에서 떠난 혼(魂)을 다시 불러 돌아
오게 한다는 뜻으로 복(復 : 돌아올 복)이라고도 한다.

임종이 확인되고 곡소리가 나면 시신을 대면하지 않은 망자의 직계 자손(直系子孫)이나 재하자(在下者 : 손아랫사람)가 아닌 한 사람이 죽은 이가 평소에 입던 상의를 들고 지붕에 올라가 북쪽[북쪽을 향하는 이유는 영혼(靈魂)의 세계가 북(北)쪽에 있다는 구전에 의함]을 향하여 옷을 흔들며 죽은 이의 평소 칭호(稱號)나 성명(姓名)을 세 번 외치고 내려와 그 웃옷을 죽은 이의 가슴에 덮는데 이것을 초혼(招魂)이라고도 한다.

　　이는 죽은 이의 몸을 떠나간 영혼을 혹시나 다시 불러 들이려는[운명(殞命)한 직후 유혼(遊魂)이 허공에 떠서 방향을 잡지 못하고 오락가락 할 때 행여나 하여 망자(亡者)의 평소 입던 옷으로 복(復)을 세 번 불러 영혼이 다시 시신에게 돌아오게 하기 위해 마지막으로 시도해 보는 의식이다] 주술적인 면과 초혼을 통하여 죽음을 기정사실로 받아들이는 절차란 면이 있다.

　　초혼(招魂)을 할 때는 조용해야 혼(魂)이 돌아올 수 있다는 뜻에서 가족들은 곡(哭)을 멈추고 조용히 해야 하며, 초혼(招魂)이 끝나고 나면 호곡(號哭)해야 한다

　　복(復)을 할 때에는 남자의 상(喪)일 때는 남자가, 여자의 상(喪)일 때는 여자가 한다.

　　직계자손이 아닌 다른 사람이 대신하는 것은 직계자손은 혼(魂)이 돌아오기를 바라는 마음으로 망자(亡者) 옆에서 정성을 다하기 위한 것이며, 복을 세 번 부르는 이유는 하늘(天), 땅(地), 공간(空間) 이 셋의 어우러짐을 중시하는 삼성(三成)의 원리에 의한 것이다.

※참고 : 예전에 초혼을 할 경우 시자(侍者 : 모시고 있는 사람)가 망인의 웃옷(생시에 입던 도포, 두루마기)을 왼쪽 어깨에 매고 동쪽 처마로 올라가 지붕 한가운데 서서 왼손으로 소매를 잡고 오른손으로 옷

시신을 따로 모셔 놓는 곳
(아침과 한밤중에 상주들이 이곳에서 곡과 절을 한다)

의 가운데를 잡고 옷을 들추면서 망인의 성명이나, 별호(別號) 또는 택호(宅號) 등 평소에 부르던 이름을 세 번 부른다.

처음에는 하늘에 대고 하는데 이는 하늘에 오른 혼(魂 : 얼) 이 내려 오기를 바라서이며, 다음에는 고개를 숙이고 몸을 굽혀 땅에 대고 부르는데 이것은 백(魄 : 넋)이 도로 나오라고 하는 것이다.

옛 사람들은 '혼천백지(魂天魄地)'라 해서 사람이 죽으면 혼은 승천하고 백은 땅으로 스민다고 생각했으며 그래서 형체와 같이 있는 백이라 하여 시신을 체백(體魄)이라 불렀다.

세번째는 북쪽 중간을 향하여 소리를 길게 하여 부르는데 이는 사람이 죽어서 가는 어둡고 그윽한 북망(北邙)이나 또는 사방의 어느 곳에서든지 혼백이 되돌아와 줄 것을 기대해서이다.

복을 세 번 다 부른 뒤에는 시자가 지붕 앞으로 망자(죽은 사람)의 웃옷을 내려주면 밑에 있는 사람이 상자로 옷을 받아다가 시신 위에 덮는다. 이는 고복(皐復)을 한 옷은 옷 속에 혼이 들어왔다고 생각하여 옷을 가지고 내려와 망인의 가슴에 덮어 두는 것이다.

복을 부른 사람은 지붕의 서쪽으로 내려온다.

지붕에 올라가서 혼을 부르는 것은 몸에서 빠져 나간 혼이 멀리 못갔을 것이므로 높은 곳에 올라가서 부르면 쉽게 돌아올 것이란 생각에서이다.

―초혼을 하면서 죽은이의 적삼을 흔들거나 지붕에 던져두는 것은 시각적으로, 곡(哭)소리는 청각적으로 이웃사람들에게 초상이 났음을 알리는 역할을 한다.

굴건과 수질을 갖춘 상주

―시자(侍者)가 동쪽으로 올라가서 서쪽으로 내려오는 이유는 산 사람에게서 떠난 혼(魂)을 부르기 위하여 지붕에 오르나 아직 운명이 확인된 상태가 아니기 때문에 음양의 이치에 의한 양(陽)의 상태에서 행하기 때문이다.

―민간(民間)의 속신에는 사람이 죽으려면 혼불이 미리 나가 집 주위나 마을을 세 바퀴 돌고 난 후에 떠난다고 하며 혼불은 아무 눈에나 뜨이지 않는데 혼불을 싸가지고 돌아오면 환자가 소생한다고 한다. 이는 초혼의 의식에서 파생한 설화인 것 같다.

4. 수시(收屍 : 시체의 얼굴 손발을 바로잡다)

초혼(招魂)을 마치면 유족(遺族)들은 곡(哭)을 한 후 수시(收屍)를 한다.

수시는 시신(屍身)을 반듯하게 갈무리하는 절차로 양손은 배 위에 올리고 양발을 바르게 한 후 베나 한지로 엄지를 묶어 풀어지지 않게 한다. 손과 발을 바르게 하고 손과 발, 무릎 그리고 어깨와 정강이 부분을 차례로 묶는다.

베나 한지로 묶는 것은 시신(屍身)의 손과 발 그리고 몸통이 뒤틀리고 오그라드는 것을 막기 위한 것이다.

수시의 절차를 소홀히 하면 안된다.

또한 햇솜으로 코와 귀를 막는데 이것은 시신의 출혈이나 부패물이 흘러내리는 것을 방지하기 위한 것이다.

시신이 있는 방은 시신의 부패 등을 막기 위해 아궁이에 불을 지피지 않는다. 또한 시신이 있는 방에 바람이 들어오면 시신에 부기(浮氣)가 생기기 때문에 시방(屍房)의 문구멍도 막는다.

시신을 염할 때에는 베를 갈라 일곱 매로 묶고 입관 뒤에 절관(節棺)할 때도 일곱 줄로 묶는데 이는 칠성(七星)과 칠백사상(七魄思想)에서 나온 것이다.

남자의 시신은 남자의 근친이, 여자의 시신은 여자의 근친이 하며, 남자는 왼손을, 여자는 오른손을 위로 한다.

시간은 운명한 때로부터 약 1시간이 지난 후가 좋으며, 수시(收屍)를 마친 시신은 나무판에 받쳐 고침(藁枕 : 볏짚베개)으로 머리, 허리, 다리 부위 아래에 고인다. 수시가 끝나면 시신 앞을 병풍으로 가리고 그 앞에 향상(香床)을 차리고 향을 피우며 촛대를 좌우에 세우고 촛불을 켠다.

※참고 : 태양은 생명의 원천으로 태양을 잘 받는 남쪽을 향하는 것이 정칙이다. 남쪽을 향했을 때 왼쪽이 동쪽이 되고 오른쪽이 서쪽이 된다. 동쪽은 해가 뜨는 곳으로 양(陽)이고, 서쪽은 해가 지는 곳으로 음(陰)이다. 남자는 양(陽)이니 남자의 방위는 동쪽이 되고 동쪽은 왼쪽에 있으므로 남자는 왼쪽 손을 위로 하고, 여자는 음(陰)이니 여자의 방위는 서쪽이 되고 서쪽은 오른쪽에 있으므로 여자는 오른쪽 손을 위로 한다.

5. 사잣밥(使者飯)

수시 다음에는 육신으로부터 분리된 영혼을 저 세상으로 데려 간다는 저승사자(使者)를 대접한다는 뜻에서 사자상을 차린다.

사자상(死者床)에 차린 밥을 사잣밥이라 하며 새로 지은 밥으로 간장 등 간단한 음식물과 함께 소반에 차려 대문 밖에 내놓는다.

완성된 상주들의 상복과 요질과 상장들

인간에게는 삼혼(三魂)이 있어 이 혼을 데리고 가는 사자(使者) 역시 3명일 것이라는 믿음에서 사자상도 밥, 신, 돈 등을 모두 셋씩 차리며 반찬으로는 간장이나 된장만 차린다.

밥과 반찬은 요기로, 신은 먼 길에 갈아 신으라고 준비한 것이며, 돈은 망자(亡者 : 죽은 사람)의 영혼을 부탁하는 의미로 저승사자에게 주는 뇌물이며, 반찬으로 간장을 차린 것은 저승사자들이 짠 반찬을 먹고 목이 말라 물을 자주 마시게 되면 끌려가는 영혼(靈魂)도 자주 쉴 수 있을 것이라는 생각에서이다.

성복(成服 : 상복이 만들어짐)하면 사잣밥은 엎어놓는데 일부에서는 이 엎어놓는 것을 저승사자가 영혼을 거둔 의미로 받아들이기도 한다.

일설에는 사잣밥은 염라대왕이 사자를 시켜 사람의 목숨을 거두어 간 것이라고 여겨서 주는 것이라 하는데 이는 불교적 사상에서의 미신적인 요소가 내포되었다는 이유로 놓지 않는 경우도 많다.

호상소가 설치되고
호상소에서 조문객들의 부의와 만장이, 애도사 등을 받는 모습

6. 발상(發喪 : 초상이 난 것을 발표함)

발상이란 머리를 풀고 곡(哭)을 하면서 상복을 입어 초상난 것을 밖에 알리는 것이다.

상가에 들어가는 입구에 가로 세로 40Cm 정도의 백지에 먹물로 '상가' '忌中' '喪中'이라 쓰고 먹물로 둘레의 선을 그려 조객들이 쉽게 찾을 수 있도록 걸어둔다.

상주는 부모를 죽게 한 죄인으로 자처하여 스스로 차림도 죄인과 같이 머리를 풀어 헤치고 맨발에 흰옷을 입는다

발상과 동시에 주상(主喪), 주부(主婦)를 세우는데 주상은 그 상(喪)의 바깥주인이고 주부는 안주인이다.

맏아들이 일찍 죽고 없으면 맏손자가 상주가 되며 이를 승중손(承重孫)이라 한다.

망자의 아들과 출가 전의 딸, 그리고 며느리는 머리를 풀고 출가한 딸은 머리를 풀지 않고 비녀만 뺀다. 현대에는 머리를 단발하는 관계로 머리를 푸는 것은 무의미하다.

남자 자손은 성복(成服)하기 전에는 흰두루마기를 입을 때에 한쪽 팔을 내놓는다. 부상(父喪 : 아버지)에는 왼쪽소매, 모상(母喪 : 어머니)에는 오른쪽소매의 팔을 꿰지 않으며 앞섶을 여미지 않고 두루마기끈을 묶지 않고 휘둘러 펜다.

이를 삽임이라 하고 이렇게 비정상적인 차림새의 옷을 입는 관습은 상(喪)을 당하여 옷을 제대로 못 입을 정도로 슬프고 애통하다는 의미와 동시에 죄인된 처지에서 극단적인 애도를 표하는 것이다.

여자는 몸을 드러내지 않으므로 좌단(左袒)이 없으나 몸에 붙인 장식을 모두 떼고 맨발에 신을 신지 않는다.

발상 때에는 애고애고(哀孤哀孤), 아이고 아이고 하며 의도적으로 곡(哭)을 그치지 않는 것은 발상의 구실 때문이다.

7. 호상소(護喪所 : 초상의 모든 일을 주관하는 곳)

상주(喪主)는 갑자기 부모(父母)를 잃은 슬픔과 경황 중에 상사(喪事)를 직접 관리할 수 없으므로 주상(主喪), 주부(主婦)를 대신해서 상(喪)을 치르는 사무소이다.

예(禮)에 밝고 경험이 많은 사람을 호상(護喪)으로 정하는데 호상은 부고발송, 조객안내, 축문작성, 상가재물 관리 등을 맡아 상사를 주관한다.

과거에는 호상소에 호상 외에 사서, 사화, 집례, 집사, 안내, 잡역 등을 두었으나 최근에는 호상 외에는 뚜렷한 직책을 두지 않는다.

과거의 사서, 사화 등의 역할을 살펴보면

ㅇ 사서(司書) : 상가(喪家)의 각종 문서를 정리하는 직책으로 주상의 친구나 상복(喪服)을 입지 않는 친척이 맡는다.

ㅇ 사화(司貨) : 상가의 재물을 관리하는 경리의 직책으로 주상(主喪)의 친구나 상복을 입지 않는 친척이 맡는다.

o 집례(執禮) : 각종 축문을 작성하고 읽으며 의식절차를 진행하는
　직책으로 예절을 잘 아는 사람이 담당하였다.
o 집사(執事) : 의식을 진행하는 데에 보조역할을 하고 집행하는
　직책으로 예절을 잘 아는 사람이 담당하였다.
o 안내(案內) : 손님을 인도하고 대접 하였으며 주로 젊은 사람이
　담당하였다.
o 잡역(雜役) : 상가(喪家)의 잡다한 일을 맡는 직책이다.

　또한 호상소에는 조객록, 조위록, 부의록, 축철 등 장책(帳
册) 서류를 비치하나 부의록(賻儀錄)만 비치하는 것이 대부분
이다.
o **조객록**(弔客錄) : 죽은이가 남자이면 손님이 죽은이에게 인사하
　고 주상에게 인사할 때의 기록.
o **조위록**(弔慰錄) : 죽은이가 여자이면 주상만을 위문하기 때문에
　조위록을 비치.
o **부의록**(賻儀錄) : 상가를 돕기 위해 물건이나 돈을 부조하는 사
　람을 기록.
o **축철**(祝綴) : 상장례(喪葬禮)를 치르는 사이에 읽어야 하는 모
　든 축문(祝文)을 써서 책으로 맨 것.

8. 역복(易服)

　상중에 주상, 주부, 이하 근친들이 화장과 면도를 하지 않고
단조로운 옷으로 바꾸어 입는 것을 뜻한다.
　예전에는 망자의 아들과 딸들은 양말이나 버선을 신지 않고
방석을 깔지 않았다.

이는 부모를 잃은 죄인이 옷을 제대로 갖추어 입고 편히 쉬어서는 안된다는 뜻이다.

성복(成服) 후에는 풀어내렸던 머리는 걷어 올리고 맨발이었던 발에도 양말이나 버선을 신는다.

9. 소식(素食)

예전에는 불식(不食)이라 하여 장례를 다 치를 때까지 상주들은 음식을 먹지 않았다. 그러나 완전 금식한 것이 아니라 죽을 먹어 몸을 상하지 않게 하였다.

『예기』의 곡례(曲禮)에는 "50세면 몸이 아주 훼척하도록 하지 않고, 60세면 몸이 상하지 않게 하며, 70세면 오직 상복만을 입고 술마시고 고기를 먹으며 상차(喪次)가 아닌 내실에 기거한다."라고 기재되어 있다.

또 애통함에도 차등이 있어 자식들은 사흘을 먹지 않고, 기년복(朞年服 : 1년)에 해당하는 자는 이틀을 먹지 않으며, 대공(大功 : 9개월)에 해당하는 자는 하루를, 소공(小功 : 5개월)과 시마(緦麻 : 3개월)복을 입는 자는 두 끼를 먹지 않는다고 했다.

현대에는 상주도 술이나 고기 등 기름진 음식을 가리지 않고 먹는데 본래는 기름진 음식이나 좋은 음식은 먹지 않는 것이다.

10. 정 장례절차(定葬禮節次 : 장례절차를 정하다)

호상과 가까운 친척이 상의하여 장례절차를 결정하며 매장(埋葬)이나 화장(火葬) 등의 절차가 결정되면 관(棺)과 상장

(喪葬)의 종류 그리고 죽음을 사회에 알리는 부고(訃告) 등의 절차도 함께 결정한다.

11. 부고(訃告)

부고(訃告)는 사람이 죽은 것을 알려 고(告)한다는 뜻이다. 상(喪)을 당하면 호상소(護喪所)가 차려지고 호상소에서는 친척과 친지들에게 부고를 내는데 부고는 통부록(通訃錄)를 작성하고 통부록에 의하여 부고를 작성하여 보낸다.

부고는 사람이 직접 전하는 전인부고(專人訃告), 우편으로 보내는 전서부고(專書訃告), 신문에 부고하는 신문부고(新聞訃告) 등이 있다.

사람이 죽은 후에는 남녀의 칭호가 각각 다르며 조부(祖父)는 왕대인(王大人), 조모(祖母)는 왕대부인(王大夫人), 부(父)는 대인(大人), 모(母)는 대부인(大夫人), 처(妻)는 망실(亡室)로 기재한다.

사람들이 부고(訃告)를 받을 경우 불길한 통지라 하여 집 대문 안에 들이지 않고 대문 우측에 매달아 놓거나 화장실 벽에 끼워 놓는 것은 사자(死者)의 혼(魂)이 부고에 붙어 살아 있는 사람을 해친다는 풍속 때문이며 지금도 시골에는 이러한 풍속이 남아 있다.

옛날에는 부고를 받지 않으면 문상을 가지 않는 것이 상례(喪禮)였다. 이는 당신의 조상(弔喪)을 받지 않겠다는 의사 표시로 통했으며 이는 절교를 뜻했다. 부고를 받고 문상을 가지 않는 것도 마찬가지였다

※ 부고(訃告)의 서식(書式)

○○ 大人 金海金○○公宿患今月○日
（陰 ○月 ○日）○時別世玆以訃告
　　　　　○○年 ○月 ○日
主喪 嗣子　○○
　　　孫　　○○
　　　婿　　○○
　　　姪　　○○
　　　護喪

發靷日時 ：　년 월 일 시
發靷場所 ：　군 면 리 자택(自宅)
葬　　地 ：　군 면 리 후록(後麓)

※ 부고(訃告)의 봉투

○○市　　○○面　　○○番地
○ 生家　訃告

※ 부고 작성시 유의사항
- 사회적 지위가 있으면 기재.
- 지병으로 사망하면 숙환(宿患), 노인이면 노환(老患), 급질이면

급환(急患), 사고(事故)이면 사고(事故)라 기재.

- 부모가 생존해 있으면 별세(別世)라 쓰지 않고 원서(寃逝)로 기재.

- 부고 말미(末尾)에 사람이 직접 부고를 전달할 때에는 전인부고(專人訃告), 서신에 의하여 전달할 때에는 전서부고(專書訃告), 신문부고(新聞訃告)에는 자이부고(玆以訃告)로 기재하고, 개별부고(個別訃告) 생략 이라고 기재하여야 한다.

- 부고 작성이 상가(喪家)를 과시하려는 뜻이 내포되는 경우가 있는데 이는 당연히 배제되어야 한다

12. 설 영좌, 상차(設 靈座, 喪次)

영좌(분향소)는 손님이 죽은이에게 슬픔을 나타내는 장소이고, 상차는 주상 이하 상주들이 있는 장소이다.

영좌와 상차는 같은 장소에 설치하는데 과거에는 염습 후에 설치하였으나 현대에는 염습 전에 조문을 받으므로 일찍 설치한다

상제(喪制)들이 앉는 자리는 거친 자리를 깐다. 과거에는 점석(店席)이라 하여 이엉으로 만든 거적자리를 깔고, 고침(藁枕)이라 하여 볏짚으로 만든 짚베개를 만들어 상주는 이 고침에 몸을 의지했다.

점석과 고침을 하는 것은 상주가 죄가 많아 부모를 여의게 한 죄인이므로 거친 자리에 몸을 둔다는 뜻이다.

성복(成服) 전에는 사진에 리본을 걸치지 않는다. 리본을 걸치는 것은 염습이 끝난 것을 가리키며 서양에서 들어온 풍습이기 때문에 생략해도 무방하다.

쉽게풀어쓴상례와제례

13. 상가배비(喪家配備)

상가배비란 상가를 찾아오는 손님에게 상가(喪家)을 찾기 쉽게 길에서부터 표시하며 문앞에 상가라는 표시를 하는 것이다.

상가 내에는 불을 밝혀 밤샘에 지장이 없도록 하는데 밤샘의 관습은 망자(亡者)의 신체를 지킨다는 뜻에서 생긴 것이다.

14. 전(奠)

전이란 익은 술과 음식을 받들어 올린다는 말이었으나 지금은 제사 음식을 올리는 것으로 의미가 바뀌었다.

그러나 여기서의 전(奠)은 제사(際祀)지내는 의식으로 음식을 올리는 것이 아니라 생시와 같은 예로 행하는 것인데 이는 죽음을 인정하지 않겠다는 뜻이다.

예전에 올리는 전은 망인(亡人)이 생시에 즐겨 먹던 찬장에 남겨 둔 밥과 음식물 따위를 한 그릇에 담아 시신의 동쪽 어깨 곁에 갖다 놓는 것이었으나 근래에 와서는 술, 과실, 포 등을 올리게 되었다.

전은 집사자가 대신 올리며 하루에 한 번만 올리는데 철상하지 않고 오래 두므로 온종일 그대로 올려져 있음을 볼 수 있다.

전을 올릴 때는 상주(喪主)가 절을 하지 않는다.

이것는 아직 죽은 것으로 믿어 제사를 드리는 것이 아니기 때문이다.

둘째날

I. 조상·문상(弔喪·問喪)

부고(訃告) 등을 통하여 부음을 접하고 찾아온 손님들이 죽음에 대하여 문상하고 슬픔을 함께 하는 것으로 망자가 남자인가 여자인가에 따라 조상과 문상으로 구별한다

- 조상(弔喪) : 죽음을 슬퍼한다는 뜻으로 죽은 사람 본인에게 직접 조의를 표하는 것으로 통상 남자(男子)가 죽은 상에 인사하는 것을 조상이라 한다.
- 문상(問喪) : 죽음에 대한 슬픔을 묻는다는 뜻으로 상주에 대한 위문이니 여자(女子)가 죽은 상에 인사하는 것을 문상이라 한다.

예전에는 성복 전에는 상주는 문상을 받지 않았는데 이는 상주가 시신도 수습하지 않은 상태에서 창망하여 손님을 받을 수 없다는 의미이며 만일 여러 사람이 함께 조상할 경우에는 그중 웃어른이 대표로 조문(弔問)을 하게 하였다.

2. 조문방법(弔問方法)

최근에는 부음을 접하면 바로 조상(弔喪)도 하고 문상(問喪)도 하기 때문에 조상과 문상을 합하여 슬픔을 나타내고 위문도 한다는 뜻에서 조문(弔問)이라 한다. 조문객이 상가에

도착하면 호상소에서 분향소로 안내한다.

　분향소에 도착하여 인사하는 방법은,
　ㅇ상주 : 일어서서 흉사시(凶事時)의 공수(拱手 : 남자는 오른
손이 위로, 여자는 왼손이 위로)를 하고 곡(哭)을 한다. 곡을 할
때 상주(喪主)는 "애고 애고" 곡(哭)을 하고 조객(弔客)은
"어이 어이" 하며 곡을 하는데 애고는 애고자(哀孤子 : 슬프고
외로운 자식)라는 것을 표현하는 것이며, 조객의 어의 어의는
상주의 슬픔을 나눈다는 의미이다.
　－흉사(凶事)의 시기는 사람이 죽어서 약 백일만에 지내는 졸곡제(卒
　　哭祭)까지를 말하며 상가(喪家) 또는 상가의 행사에 참석하는 사
　　람들은 졸곡제 전까지는 흉사시(凶事時) 공수(拱手)의 예(禮)를
　　취한다.
　ㅇ조문객 : 분향소에서 향(홀수, 양의 수)을 사르고 흉사시(凶
事時)의 공수를 하고는 서서 잠시 곡을 하며 죽은이를 추모한
후 전통배례로 두 번 절한다. 죽은이가 아랫사람이면 절을 하
지 않는다〔哭以不配〕.
　ㅇ조문객 : 죽은이에게 추모 후 상제와 인사를 한다. 이때 상
제가 먼저 절을 하는 것이며 상주와는 단배이고 조문객이 답
배를 하면 답배 후 손님이 먼저 상주에게 인사말을 한다.
　ㅇ조문객 : 슬픔을 위문하는 인사를 한다.
　ㅇ상주 : 슬프다는 표현을 한다.
　ㅇ조문이 끝나면 호상소에 가서 준비해온 부조금품을 내놓
는다.
　－상주(喪主)는 빈소를 떠나 손님을 마중하거나 전송해서는 안되
　　며, 슬픔에 젖어야 하는 관계로 문상객들 틈에 끼어 술을 마시는

행위는 금지되어 있다.

− 예전에는 초상이 나도 조상을 가지 않는 죽음이 있었는데 이는
겁에 질려 자살하거나 위험한 곳에 찾아가 죽음을 당하거나 물
에 빠져 죽으면 조상하지 않았다. 이는 조심하고 사려있는 생각
을 요망하는데서 온 것 같다.

3. 조객(弔客)의 예의(禮儀)

조상(弔喪)을 갈 때에는 먼저 복장(服裝)에 유의해야 한다.

한복이나 검은 양복으로 정장은 다 못한다 해도 무늬나 빛깔
이 요란한 옷은 피해야 하고, 여자는 화장을 짙게 하지 않는
것이 예의이다. 스웨터 차림이나 집안에서 입는 옷차림은 삼가
해야 한다. 그리고 오버나 코트는 대문 밖에서 벗고 들어가야
한다.

빈소(殯所)에 가면 먼저 상제(喪制)에게 목례(目禮)를 한
다음, 영정 앞에 무릎을 꿇고 앉아 분향을 한다.

향나무를 깎은 나무향이면 왼손을 오른쪽 손목에 받치고 오
른손 엄지와 검지로 향을 집어 향로불 위에 가만히 놓는다. 만
수향과 같이 만들어진 향이면 하나나 둘을 집어 성냥불이나
촛불에 붙인 다음 불꽃을 입으로 불거나 손을 흔들어 끄지 말
고 왼손 손가락으로 가만히 잡아서 끈 다음 두 손으로 향로에
꽂는다. 그리고 일어나 영정에 재배하고 한 걸음 물러서서 상
제에게 절을 하며 인사말을 한다.

가. 상제의 부모인 경우

"상사에 얼마나 애통하십니까."

"친환으로 그토록 초민하시더니, 이렇게 상을 당하셔서 얼마나 망극하십니까."

"환중이시라는 소식을 듣고도 찾아 뵙지 못하여 죄송하기 한이 없습니다."

"그토록 효성을 다하셨는데 춘추가 높으셔서인지 회춘을 못하시고 일을 당하셔서 더욱 애통하시겠습니다."

나. 상제의 아내인 경우

"위로할 말씀이 없습니다."

"옛말에 고분지통(叩盆之痛)이라 했는데, 얼마나 섭섭하십니까."

다. 상제의 남편인 경우

"상사에 어떻게 말씀 여쭐지 모르겠습니다."

"하늘이 무너진다는 말이 있는데〔天崩之痛〕얼마나 애통하십니까."

라. 상제의 형제인 경우

"백씨 상을 당하셔서 얼마나 비감하십니까."

"할반지통(割半之痛)이 오죽하시겠습니까."

마. 아들이 죽었을 때 그 부모에게

"얼마나 상심하십니까."

"참척(慘慽)을 보셔서 얼마나 마음이 아프십니까."

4. 부의(賻儀)

졸지에 상(喪)을 당한 상가(喪家)를 돕기 위하여 상장절차에 소용되는 물품이나 돈을 자기 형편에 맞게 보조하는 것을 부의라 한다.

※부조하는 내용의 봉투는 대략 '향촉대(香燭代)'라든가 '부의 (賻儀)'라는 두가지 문구로 요약하여 쓸 수 있다.〈아래그림 참조〉

香燭代

賻儀

5. 신주(神主)

죽은이의 각종 제례에 죽은이를 상징하는 표상이 신주이며, 신주는 밤나무로 만든다. 밤나무로 만든 신주 속에 한지를 재단해서 세로로 글씨를 써서 신주에 붙인다. 〈아래그림 참조〉

※참고 : 밤나무로 신주를 만드는 것은 과일나무[삼색실과인 밤,대추, 감] 중 조용한 곳에 자라는 나무라 밤나무를 사용한다는 설이 있다. 또 밤나무는 서(西)쪽 나무라 쓰는데 서쪽은 죽은 사람의 방위이며, 옛날에는 사당 뜰에 밤나무를 심었다는 데서 유래하였다는 설이 있다.

신주의 몸체는 위를 둥글게 하고 아래쪽을 평평하게 하는 그

顯妣孺人全州李氏神位

顯考學生府君神位

이유는 하늘은 둥글고 땅은 평평하다〔天圓地方〕는 인식을 상징한 것이다.

- 신주(神主)는 몸체, 신주받침, 신주덮개로 이루어지며 이 위패를 보관하기 위하여 위패함 받침과 위패함 덮개가 필요하다.

※참고 : 신주덮개는 남자조상은 자주색으로 하고 여자조상은 붉은색으로 한다. 산 사람들은 보통 남자는 양(陽)이고, 여자는 음(陰)이나 망자(亡者)인 관계로 음양이 바뀌어 남자조상은 자주색, 여자조상은 붉은색으로 신주덮개를 하는 것 같다.

6. 관(棺)

관(棺)은 죽은이를 넣는 나무상자로 천판(天板), 지판(地板), 사방판(四旁板) 등으로 구성되어 있다.

매장할 때 관(棺)까지 함께 묻을 것이면 두껍게 만들고 매장시 관을 제거할 것이면 묘지로 갈 때까지만 지장이 없으면 된다.

예전에는 매장할 때 관까지 묻으면 관에 옻나무칠을 하여 검붉게 만들어 사용하였는데 옻칠을 하는 이유는 관에 옻칠을 하면 쉽게 썩지 않고 오래 가기 때문이다.

과거에는 삼(杉)나무〔소나무〕관을 최고로 하였으며, 그 다음이 잣나무, 은행나무, 오동나무 순이다.

과거 권문세도가에서는 동백기름에 절여둔 삼나무를 유삼(油杉)이라고 하여 관재로서는 최고로 쳤다.

가급적이면 관을 시신과 함께 매장하지 않는것은 육탈된 뼈가 움직이지 않게 하기 위해서다.

※참고 : 옛날에는 회갑을 넘기면 관재를 마련하여 향유에 절여 두거
나 옻칠을 해두었는데 관재와 관에 옻칠을 많이 하는 것은 옻칠로
나무가 쉽게 썩지 말라는 것과 시신이 상해도 그 농이 새지 않게
하려는 목적이 있다

- 옛날에는 혼인(婚姻)하지 않고 죽으면 염(殮)과 관(棺)을 사용하
지 않고 거적에 말아 밤에 매장을 하였으며 무덤(봉분)도 만들지
않았다. 이는 부모가 무덤의 위치를 알지 못하게 하여 무덤을 보고
상심치 않도록 배려한 것이다.

부모가 작고(作故) 후 혼인하지 않고 사망하면 무덤을 만들
기는 하지만 돌보지 않아 자연스럽게 없어지게 하였다.

7. 명정(銘旌)

명정은 죽은이를 관에 넣고 누구의 관(棺)인가를 나타내는
표지깃발이며 입관(入棺) 후에는 관의 동쪽에 세우고 상여가
움직일 때는 그 앞에 가며 매장할 때는 관이나 시신 위에 덮
는다.
명정 제조는 빨간색 천에 흰 분가루를 접착제에 개어 붓으로
써서 장대에 매단다.
명정의 크기는 2미터 정도로 하며 장대의 크기는 명정의 크
기에 1미터를 더한 크기의 장대를 사용한다

※ 명정서식〈뒤의 그림 참조〉
남자 : 學生 慶州金公 諱 ㅇㅇ之柩(벼슬이 있으면 직명을

孺人 ○○○○ 之柩

學生 ○○○○ 之柩

기재)

여자 : 孺人 慶州金氏 諱 ○○之柩(벼슬있는 아내이면 유인
을 夫人으로 기재)

8. 반함(飯含), 습염(襲殮) 준비

반함이란 망자(亡者)가 저승길에 식량과 노자로 사용하라는
뜻에서 시신의 입에 물렸던 불린 쌀과 동전을 말한다. 쌀, 동
전 또는 구슬 그리고 버드나무로 만든 숟가락을 준비하는데,
버드나무 숟가락을 준비하는 것은 옛날에는 버드나무를 숟가
락으로 사용했기 때문이다.

습(襲)은 시신을 목욕시켜 수의를 입히는 것을 말하며 염
(殮)은 시신을 준비한 수의(壽衣)로 갈아 입히고 묶는 절차인
소렴과 시신을 관에 넣는 대렴으로 구분한다.

과거에는 습, 소렴, 대렴으로 구분하여 날을 바꾸어 가며 했으나 3일장을 주로 치르는 요즘에는 돌아가신 이튿날에 습을 하고 곧바로 염을 한다.

습(襲)

습은 시신을 씻겨 시신에게 수의를 입히는 것을 말한다.

습을 할 때에는 향나무를 잘게 쪼개 끓인 물이나, 쑥을 삶은 물을 풀솜에 묻혀 홑이불 속에 넣은 다음 시신을 닦아낸다.

습의 순서는 머리를 먼저 감긴 다음 얼굴부터 씻겨 발끝까지 씻긴다. 습은 망인의 가족이 아닌 친척 어른 가운데 경험 있는 이가 하며, 망인(亡人)이 남자이면 남자 근친이, 여자이면 여자 근친이 하는 것이 일반적이다

습하는 과정에서 머리를 빗어 나온 머리카락과 깎은 손발톱은 좌우측을 구분하여 조발낭(爪髮囊)이라 불리는 주머니에 담았다가 염할 때 시신과 함께 본래의 위치와 가까운 곳의 관속에 넣으며 습이 끝나면 반함의례를 한다

※참고 : 향나무나 쑥 삶은 물을 이용하는 것은 시신에서 나는 역한 냄새를 피하기 위한 것이다

　　　　머리카락과 손발톱까지 주머니에 넣어 소중하게 처리하는 것은 신체발부(身體髮膚) 수지부모(受持父母)라는 말이 있듯이 망인의 신체를 훼손해서는 안된다는 전시관념(全屍觀念) 때문이다.

반함(飯含)

습에 이어서 죽은이의 입에 반함을 한다. 반함은 죽은이의 입에 쌀과 동전을 물리는 것을 말하는데 입에 물리는 것은 저

승 가는데 소요되는 식량과 재물이라고도 하고 또는 시체의 빈(空) 곳을 채우는 것이라고도 한다.

반함을 할 때에는 복인들이 들어와서 남자는 시신의 왼쪽에 여자는 우측에 꿇어앉은 후 준비한 반함물을 남자는 오른쪽부터 여자는 왼쪽부터 넣고 마지막에 가운데에 넣는다.

토속(土俗)에서는 쌀을 넣을 때 백석이요, 천석이요, 만석이요 하면서 세 번 넣고, 돈을 넣을 때는 백량이요, 천량이요, 만량이요 라고 말하면서 넣는다.

- 반함에서도 반함의 순서가 평소와 반대로 남자는 오른쪽부터 여자는 왼쪽부터 반함물을 물리는 것은 산 사람이 죽었기 때문에 남녀의 음양이 바뀌었기 때문이다.

- 『예기(禮記)』에는 "반함 때 쌀과 조개껍질을 사용하였으며 이는 입 속을 비워둘 수 없어서이며 음식을 하는 도리로써 하는 것이 아니라 아름다운 것으로써 그렇게 하려는 것일 뿐이다." 라고 기록되었다.

염(殮)

습을 마친 시신은 준비된 수의(壽衣)를 입히며 수의는 삼베로 만든 적삼, 바지, 저고리, 두루마기 도포를 입힌다.

수의는 입히기가 어렵기 때문에 분리하여 입히지 않고 꿰매한 번에 입히며 옷섶은 왼쪽으로 여미게 하는데 이는 죽으면 산 사람의 반대이기 때문이다.

이어서 버선과 신을 신키고 악수(幄手)로 손을 싸며 멱목(幎目)으로 얼굴을 덮는다. 악수는 가시밭길의 저승길에서 손을 찔리지 말라는 뜻이다.

- 소렴(小殮) : 소렴이란 작은 이불로 시신을 싸서 염포라는 긴 삼

쉽게풀어쓴상례와제례

베로 묶는 것을 말한다. 세로로 묶는 것을 장메라 하고 가로로 묶는 것은 메장이라 하며 모든 매듭은 다시 풀 일이 없기에 고를 내지 않는다['고를 내지 않는다'고 한 것은 옷고름이나 노끈 등을 잡아맬 때 풀리지 않게 한 가닥을 조금 빼어 고리처럼 맨 것이다]. 매듭은 위에서 아래로 일직선이 되게 묶으면 된다

– 대렴(大殮) : 대렴은 칠성판에 시신을 올려놓고 큰 이불로 주검을 싸고 맬끈으로 묶는 것을 말한다. 시신의 상중하에 삼베로 들끈을 3가닥 만들어 놓는데 이는 입관이나 묘지에서 시신을 하관할 때 편리하도록 한 것이다.

– 소렴과 대렴을 하는 동안 상주(喪主)들의 곡(哭)을 멈추게 하는 것은 염(殮)을 하는 사람들에게 지장을 주지 않기 위한 것이며 곡의 시작은 멱모(幎冒)로 얼굴을 가려 볼 수 없게 되었을 때 곡(哭)을 한다.

곡(哭)은 소리내어 우는 것을 말하는데 곡자를 풀어 쓰면 입구(口)자가 둘인 것은 큰 소리를 뜻하고 개견(犬)자는 개처럼 이성을 잃고 울부짖는다는 뜻이다.

– 칠성판(七星板)은 관(棺) 속 바닥에 까는 얇은 널조각으로 북두칠성을 본따서 일곱 구멍을 뚫는다. 이는 사람의 몸에는 일곱 개의 구멍(눈구멍 2개, 콧구멍 2개, 귓구멍 2개, 입구멍 1개)이 있어 사망시 시신에서 나오는 체액도 일곱 개의 구멍으로 빠져 나가게 하기위하여 일곱 개의 구멍을 만든 것으로 상징적인 의미이다.

입관(入棺)

대렴까지 한 시신을 관에 넣는 일로 입관은 관바닥에 지금(地衾)이라는 요와 그 위에 천금(天衾)이라는 이불을 덮는다.

관의 빈 곳에는 고인이 입던 옷이나 짚 또는 종이를 보침(메우다)하며, 산 자와 죽은 자가 처음으로 격리되는 순간이므로 복을 입은 사람들이 들어와 슬픔을 나타낸 다음 관뚜껑을 덮는다.

입관이 끝나면 관 위에 머리와 발쪽을 표시하여 두고 명정으로 덮어둔다.

입관(入棺)이 끝나면 상주들은 한쪽 팔을 내놓았던 상복들을 마저 입으며 성복례(成服禮)를 행한다.

상주 이하 복인(服人)들은 빈소 앞의 마당에 멍석을 깔고 남녀가 갈라 선 다음 각자의 위치에서 마주보고 엎드려 곡(哭)을 하며 재배를 하는데 이를 상향곡(上向哭)이라고 한다.

상향곡은 복인(服人)들이 서로 조문하는 것이며 부모를 잃은 죄인이 되어 위문한다는 뜻이다.

염을 하고 성복례가 끝나면 문상을 받는다.

입관이 끝나면 죽은 사람과 산 사람이 완전히 분리되며, 입관 후에는 혼백을 모시고 곡(哭)은 무시곡에서 조석곡으로 바꾼다.

- 상주(喪主)는 성복(成服) 전에는 무언무배(無言無拜)의 곡(哭)으로 조문객을 맞이하고 곡(哭)으로 답(答)한다
- 널은 입관(入棺) 전에는 관(棺)이라 하고 입관 후에는 구(柩)라 한다. 이는 영혼의 세계로 갈 준비가 되었다는 의미이다.

혼백(魂帛)과 영좌(靈座)

시신에 대한 염과 입관 절차가 끝나면 영혼을 별도로 모신다. 이때부터 영혼을 상징하는 혼백과 영좌를 설치한다.

혼백이란 영혼이 시신에서 떠나 혼령(魂靈)이 깃들었음을

상징하는 물체로 신주가 만들어지기 전의 전신이다.

한지를 전후 좌우로 접어서 만들거나 삼색실을 우물정(井)자의 모양으로 엮어서 만든다.

한지를 접어서 만들 때는 복·초혼을 한 죽은이의 웃옷을 싸서 만들고 백색 두꺼운 종이로 상자를 만들어 혼백을 흰상자에 넣어 모시는데 이를 혼백상자라 한다.

근자에 와서는 혼백상자 대신에 대부분 사진을 모시는 경우가 많다.

- 혼백함(魂帛函)은 항상 뚜껑을 닫아 놓으며 상식(上食) 삭망전(朔望奠)에 열도록 한다.

영좌는 교의(交椅) 앞에 차려 둔 제상을 말하며, 영좌에는 조석으로 촛불과 향을 피우고 음식과 빗, 세수물 등 세수용구를 평소와 같이 올린다.

이것은 아직도 소생할지 모르고, 생시와 같이 세수하고 머리를 빗으라는 뜻이다.

촛대는 제상 양쪽에 하나씩 세우고, 서쪽에는 향로 동쪽에는 향합을 놓는다.

상장(喪杖)

상장은 상주들이 드는 지팡이로 이 또한 상징성을 지니고 있으며 부상인 경우에는 대나무로 모상인 경우에는 버드나무나 미류나무로 만든다.

부상(父喪)에 대나무를 사용하는 것은 남자는 촌수를 따지기 때문에 마디있는 대나무를 사용하고, 모상(母喪)에 미류나무를 사용하는 것은 여자는 무촌이기 때문에 마디가 없는 버드나무나 미류나무를 사용한다고 한다.

일설에는 아버지는 자식을 기르느라 속이 비어 버렸기에 대나무를, 어머니는 자식들이 애를 태워 속이 찾기 때문에 버드나무나 또는 미류나무를 쓴다고도 한다.

상장을 짚을 때는 대나무는 뿌리부분이 밑으로 가게 짚으며, 버드나무는 위를 둥글게 아래는 네모나게 깍아서 상원하방(上圓下方)의 모양을 이루도록 한다.

이것은 대나무 뿌리는 땅을 대나무 위는 하늘을 상징하고 버드나무 역시 상원은 하늘을, 하방은 땅을 상징한다.

이렇게 하늘과 땅을 상징하는 지팡이를 짚는 것은 이렇게 해야 망자의 영혼이 이승인 땅의 세계에서 저승인 하늘의 세계로 온전하게 갈 수 있다고 믿기 때문이다.

※참고 : 상장을 짚는 이유는 상중(喪中)에 상주들이 지친 몸을 의지하기 위하여 짚는다는 설(設)과 망인(亡人)에 대한 존경(尊敬)을 표시하기 위하여 짚는다고 하는 설이 있는데 이는 후자가 맞는 것 같다.

수의(壽衣)

수의는 죽은이에게 입힐 옷과 소·대렴에 쓰일 이불 등을 일컫는 말로 초상이 나면 장의용품점에서 구입하지만 노인이 있는 집안에서는 미리 준비하고 윤달에 준비하면 좋다고하여 윤달에 수의를 준비한다〔평년보다 한 달이 더 있는 달을 윤달 또는 공달이라 한다. 공달에는 송장을 거꾸로 세워 두어도 탈이 없다고 할 만큼 아무런 거리낌이 없는 달이다. 즉 사람에게 피해를 주는 잡귀가 없다고 하며 윤달에 치관(治棺)을 하거나 수의를 이때에 만든다〕.

수의를 살아있는 사람의 옷보다 크게 만드는 것은 수의가 작으면 염습할 때 어렵고 시신(屍身)을 풍성하게 감싸지 못하기 때문이며 관의 공백을 메우는데 일조하기 때문이다.

수의는 남녀에 따라 차이가 있다. 남자의 수의로는 적삼, 고의, 저고리, 두루마기, 바지, 행전(行纏 : 다리에 끼우는 것), 버선, 허리띠, 대님, 복건, 멱목(幎目 : 얼굴을 가리는 것), 악수(握手 : 손을 가리는 것), 신, 심의, 대대(大帶 : 도포의 끈), 충이(充耳 : 솜으로 만든 귀막이), 조대(條大 : 두루마기끈), 오낭(五囊 : 손톱, 발톱, 머리카락을 넣은 주머니), 충비(充鼻 : 솜으로 만든 코막이) 등이 필요하다.

여자의 수의(壽衣)는 적삼, 속옷, 저고리, 겉치마, 허리띠, 바지, 치마, 버선, 멱모, 악수, 신, 원삼, 대대, 충이 등이 준비되어야 한다.

– 수의(壽衣)를 바느질할 때 실의 매듭을 짓지 않는 것은 매듭을 짓게 되면 망자(亡者)가 한(恨)을 품고 가게 되기 때문이라고 한다.

9. 성복(成服 : 상복이 만들어지다)

앞에서 호상소가 차려지고 나면 이때부터 상주들은 주검과 영혼을 모시는 절차가 한편에서 끝나게 되고 또 한편에서는 상복이 완성되어 소복을 벗고 상복으로 갈아 입으며 복인(服人)들도 각자 자기에게 해당하는 복을 입는다〔복인(服人)의 범위(範圍)는 고조(高祖)에서 현손(玄孫)까지 이르며 근친(近親)은 8촌(寸)까지 입는다〕.

남자의 성복은 관(굴건), 효건, 제복, 중의, 행전, 수질, 요질, 교대, 지팡이이며, 여자는 관(소족두리), 제복, 수질, 요질, 교대 등이고 미혼이면 관건과 수질이 없다.

성복을 마치면 올리는 전을 성복전(成服奠)이라 하며 성복

전이 끝나면 정식으로 문상을 받기 시작한다.

근래에 와서는 성복의 여부에 관계없이 문상을 하고 있어 고유(固有) 상례(喪禮)가 흐트러지고 있다.

– 성복(成服)은 생자(生者)의 일이기 때문에 제사라 하지 않고 전(奠)이 옳으므로 성복제(成服祭)가 아니고 성복전(成服奠)이 맞다.

– 어린이에 대한 성복은 과거에 8세 이상부터 성복을 하였는데 8세의 연령 기준을 둔 것은 8세 정도면 남녀가 확연하게 구분되기 때문에 그렇게 한 것으로 해석된다. 유학(儒學)에서 남녀칠세부동석(男女七歲不同席)이요, 8세는 각자의 방을 갖기 때문이다.

10. 상복(喪服)의 제도

상복은 죽은이를 애도하고 근신하는 근친(近親)들이 일정기간 입는 옷을 말하며, 예전에는 상복의 재질과 봉제방법의 차이에 의해 5복(五服 : 참최, 재최, 대공, 소공, 시마)이 있었다. 모든 상복은 삼베로 만들며 복의 경중에 따라 베의 새수(베의 올이 굵고 가는 것)가 다르며 참최가 제일 거칠며 수질(首経)과 요질(腰経)은 삼끈을 모아서 만든다.

상복을 입는 기간에 따라 9복으로 나뉘기도 하였으나 최근에는 이러한 복제는 대부분 사라졌다.

예전에 사용된 복제도(服制度)를 살펴보면,

참최복 : 3년 동안 입는다. 오복 가운데 제일 중한 복으로 가장 거친 삼베로 남루하게 지어 입으며 굴건 제복을 하고 삼끈을 달아 묶으며 깃이 없고 소매가 넓은 웃옷을 입고 삼으로 만든 허리띠를 두르고 짚신을 신고 지팡이를 짚는다.

상여가 떠
나기 전날
밤 상여놀
이를 한다.
사진은 무
형문화재
진도 상여
놀이(가야
금 인간문
화재 김죽
파 여사)

참최복을 지을 때에도 바느질을 거칠게 하고, 삼베조각들을 앞뒤에 달아 걸인들의 옷차림처럼 의도적으로 남루하게 한다. 이는 부모를 죽게 한 죄인은 좋은 옷을 입을 수 없다는 죄의식을 상복을 통하여 상징적으로 나타내는 것이다.

참최는 아들이 부친상에 입는 복을 말하며 입는 기간은 만 2년을 입었으며, 아버지가 죽어서 조부나 증조·고조를 위한 승중(承重)을 하는 적손(嫡孫)이나 아버지가 적자를 위하여 입는 복을 포함하였다. 참최의 참(斬)은 애통해 한다는 뜻이고 최(衰)는 효자의 애통한 마음을 나타낸다는 뜻으로 부친상에 상복을 통하여 애통함을 표현하는 의미가 내포되어 있다.

재최복 : 2년을 입는다. 재최는 아들이 어머니를 위해 입는 복을 말한다.

아버지가 살아 계시거나 출가한 딸의 경우는 이를 입지 못하였다. 예전에 부모상에 상복기간을 3년(만 2년) 동안 입은 것은 아이가 출생하여 어머니의 품을 떠나는데 걸리는 기간이 3년이라서 그런 것이다. 본래는 자최인데 재최라고도 한다.

ㅇ 장기(杖朞) : 장기란 상장(喪杖)을 짚고 1년 동안 복을 입는 것을 말한다. 아버지가 살아 계신데 어머니가 작고 하시거나, 장손으로 아버지가 돌아가신 상태에서 할아버지가 생존하여 계신데 할머니가 돌아가시면 장기복을 입었으며, 계모를 위하여 복을 입을 때, 개가(改嫁)한 어머니를 위하여도 장기복을 입었다.

ㅇ 부장기(不杖朞) : 상장(喪杖)을 짚지 않고 1년 동안 입는 복을 말한다. 아내가 죽으면 남편은 부장기 1년복을 입었다.

조부모를 위해서 입고, 백숙부모를 위해서 입었으며, 고모로서 시집을 가지 않았는데 죽으면 입는다.

o **재최복 5개월** : 입는 기간은 5개월로, 주로 죽은이의 증손자가 입었으며, 상복은 재최복과 같고 지팡이를 짚지 않는다.

o **재최복 3개월** : 입는 기간은 3개월로, 주로 죽은이의 현(玄)손자가 입으며 상복은 자최복과 같고 지팡이를 짚지 않는다.

o **대공복**(大功服) : 대공의 공(功)은 삼베를 짠다는 뜻이 있는데 대(大)는 그 올이 굵다는 것이다. 기간은 9개월을 입었으며 베도 참최나 재최에 비하여 가늘고 고운 것을 사용하였다. 대상은 사촌형제를 위하여 입었으며 출가하지 않은 사촌자매를 위해서 입었다.

o **소공복**(小功服) : 소공복은 종조부(從祖父), 종조모(從祖母), 형제의 손자, 사촌의 아들, 6촌형제의 아들, 외조부모, 외숙, 생질을 위하여 입는 복을 말하며 5개월을 입는다.

o **시마**(緦麻) : 제일 가벼운 복인 시마복은 종증부모, 종증조모, 종조부의 자매, 형제의 증손, 종형제의 자매, 외손, 내종형제, 외종형제를 위하여 입는 복을 말한다.

o **심상**(心喪) 3년 : 심상이란 법도로는 상복을 입고 복상할 수가 없지만 마음 속으로는 복상을 하는 것과 똑같이 애도하며 근신하는 것을 말한다. 예를 들어 아버지가 생존해 있는데 어머니가 작고하면 기년(紀年)으로 탈상을 하지만 나머지 1년을 심상(心喪)으로 하는 것이 그 예이다. 또 존경하는 스승을 위하여 3년 동안 입기도 한다. 공자의 제자인 자공(子貢)이 공자를 위하여 심상 3년을 입었다.

o **심상기**(心喪期) : 심상으로 기년(만 1년 1개월)을 복상하는 것이다. 개가한 할머니를 위해서 한다.

마지막 유생(儒生)이라 일컫는 추연(秋淵) 권용현 선생의 집 앞에 세운 만장

상여 출발 하루전에 준비해 놓은 공포(功布)

ㅇ가마(加麻) 3개월 : 상복이란 8촌까지만 입을 수 있다. 그러
나 8촌을 넘는 친척이지만 애도 또는 존경심으로 입는 상복
아닌 상복이 가마이다. 가마는 상복처럼 기간이 정해져 있지
않으나 3개월을 넘기지 않는다.

11. 댓도리

발인 전날 밤에 빈 상여놀이로 주검을 싣지 않고 상채만으로
행상 연습을 하며 출상 당일 행상해야 할 상여꾼들이 발을 미
리 맞추어 보는 예행연습이다. 대부분은 고인이 고령자로 자연
사 한 호상(好喪)일 경우에 한하며 지역에 따라 다른데 상두
꾼들이나 마을 사람들의 처지에서 보면 실제로운 흥겨운 놀이
판이다.

1 2. 택지(擇地)

장지(葬地)를 정하는 것을 말하며 운명(殞命)한 뒤 장지를 정하느라 당황하지 않기 위하여 미리 정하기도 하는데 이를 구산(求山)이라고 한다.

이 구산에는 5가지의 조건이 있는데 길날 데가 아닌 곳, 성곽(城廓)이 설 자리가 아닌 곳, 개간(開墾)될 데가 아닌 곳, 물이 날 염려가 없는 곳, 권세가(權勢家)와 말썽이 나지 않을 곳 등 택지의 다섯가지 금기사항이 있었다.

1 3. 택일(擇日)

장일(葬日)을 정하는 것을 말하나 근자에는 3일장(三日葬)이 통례(通例)로 되어 택일은 큰 의미가 없다.

세 째 날

출상(出喪)이라고 하며 주검을 상여(喪輿)에 실어 장지(葬地)로 모시는 절차이다.

1. 조우조(朝于祖)

조우조는 죽은이가 묘지로 향하기에 앞서 마지막으로 조상을 뵙는 절차로 주상 이하 복인(服人)들은 관(棺) 앞에 차례

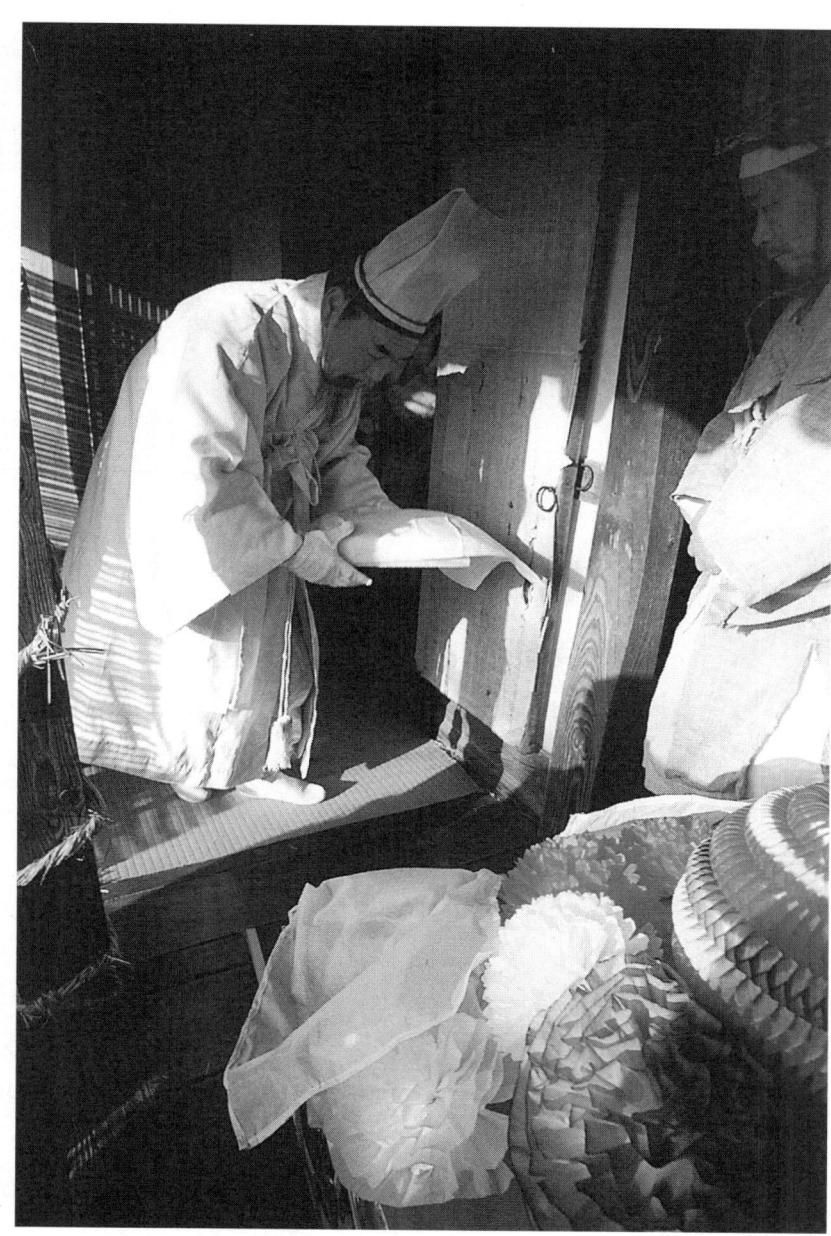

상여가 출발하기 직전 혼백을 요여에 넣는 모습

대로 서고 집례(執禮)가 '금이 길신 천구 감고(今以 吉辰 遷 柩 敢告 : 이제 장례를 뫼시는 날이 되었기에 관을 옮기고자 합니다)' 라고 아뢴 후 사당 앞으로 명정, 혼백, 관, 주상, 주부, 복인의 순으로 옮긴다.

집례가 영좌 앞에 꿇어앉아 '청 조조(請朝祖 : 청하나이다 조 상신위 앞에 떠나는 예를 드리소서)'라 고(告)하고 주상 이하 복인 들은 극진한 슬픔을 나타내고 본래의 자리로 옮긴다.

2. 설 조전(設 祖奠)

죽은이가 살던 집에서 마지막으로 대접받는 절차로 영좌 앞 에 상을 차리고 집례(執禮)가 술을 올리며 축문(祝文)을 읽 는다.

그 축문은 '영천지례 영신불유 금봉구거 식준조도(永遷之禮 靈辰不留 今奉 柩車 式遵祖道 : 영원히 떠나시는 예를 행하겠나이 다 혼령께서 오래 머무실 수 없으시기에 이제 영구차를 받들어 모시고자 하나이다)'라고 하고 주상(主喪) 이하 극진한 슬픔을 나타내고 절을 한다.

3. 출관(出棺)

발인 날 새벽부터 서둘러 준비하며 먼저 방에 있는 관을 들 어내는 일을 하며 상주들은 관을 들고 방의 네 구석을 향해 관 을 세번씩 올렸다 내렸다하며 인사를 하게 한다.

다음은 문지방을 넘으며 문밖의 댓돌 앞에 바가지를 엎어두 면 관의 앞부분으로 이것을 눌러서 깨뜨린다.

바가지를 깨는 것은 죽은이가 다시는 문지방을 넘어 집안으로 되돌아오지 않게 하며 상사(喪事)로 인한 집안의 재액을 없애 버리기 위한 것이다.

4. 천구(遷柩)

천구란 영구를 상여로 옮기는 것이다.

천구고사(遷柩告辭)는 '금천 구 취여 감고(今遷 柩 就輿 敢告 : 이제 옮겨서 관을 영구차에 모시겠기에 감히 아뢰나이다)'라고 한다.

5. 발인(發靷)

상여가 장지로 떠나는 것을 출상 또는 발인이라 한다.

관을 상여에 실으면 상여 앞에 병풍을 치고 자리를 깔며 제물을 진설할 상을 놓고 집에서의 마지막 제를 올린다.

상주들은 단잔을 올리고 한번만 절을 한다. 이때 읽는 축을 발인축(發靷祝)이라 하고 축을 읽는 동안은 곡(哭)을 그친다.

※참고 : 발인축 한글 서식(書式) : 혼령을 이미 영구차에 모셨사오니 이제 가오시면 영면하실 묘지이옵나이다. 영원히 떠나시는 예를 올리오니 이제 가시면 영원하시나이다.

한자축문 : 靈輀旣駕 往卽幽宅 載陳遣禮 永訣終天

발인제(發靷祭)가 끝나면 상여(喪輿)가 집을 나서면서 상여 앞쪽을 집으로 향하게 한 뒤 세 차례 올렸다 내렸다 하며 망인(亡人)과 가족(家族)과의 하직인사를 한다.

발인 제사상

관(棺)을 상여에 옮겨 실을 때에는 관의 다리쪽을 앞으로 하고 머리 쪽이 뒤로 가게 실어야 하는데 이유는 머리가 앞으로 실려지면 머리가 땅을 밟는 것이 되고 다리가 앞으로 실려지면 바로 서서 가는 것처럼 되기 때문이다.

상주가 발인제 때 헌작하는 모습

6. 구행(柩行)

상여행렬을 말하며 행렬은 방상, 명정, 공포, 만장, 요여, 영구, 상인(喪人), 복인(服人), 조객 순으로 출발하고 여자 상주들은 동구까지만 따라 나왔다가 집으로 돌아가고 남자 상주들은 묘지까지 동행한다. 현재는 남녀 구분없이 다 묘지까지 동행하는 사람들이 많다.

장사에 쓰는 가마는 대여(大輿), 소여(小輿), 상여(喪輿), 영여(靈輿) 등의 4가지가 있다

ㅇ 대여(大輿) : 국상(國喪) 같은 큰 장사에 쓰는 아주 큰 상여를 말하며 임금이나 사대부의 장사에 사용되었다.

ㅇ 소여(小輿) : 대여보다는 작지만 상여보다 크며 존귀한 이

여자 상주들이 상여를 보내면서 곡하는 모습

의 장사에 사용되었다

ㅇ 상여(喪輿) : 대여나 소여에 비하여 규모가 작고 간단하며
장강틀에 다리와 바퀴가 없고 상여를 세울 때는 가로장목을
엇갈리게 질러 고정시키며 두 줄로 상여꾼이 메고 간다. 이
상여는 각 부락마다 있어 동네 외딴곳에 상여집을 지어 두었
으나 최근에는 1회용 꽃상여를 사용하는 관계로 별로 사용
하지 않고 있다.

- 방상씨(方相氏) : 방상은 황금색의 눈을 네 개나 가진 귀면(鬼
面)으로 사람이 이 탈을 쓰고는 칼을 들고 상여 앞에서 상여의
가는 앞길을 깨끗이 닦아 개척하고 잡귀를 물리쳐 망자의 저승
길을 깨끗이 닦아 주는 역할을 한다. 장지에 도착하면 미리 파놓
은 광중에 들어가 칼춤을
추어 잡귀를 몰아내고 하
관시(下棺時)에 뒤를 돌
아보지 않고 상여가 오던
길이 아닌 다른 길로 달아
난다[상여가 오던 길이 아
닌 다른 길로 달아나는 것
은 잡귀들의 등쌀에 죽을
수도 있기 때문에 잡귀들
이 쫓아오지 못하도록 다
른길로 도망간다고 한다].

방상씨(方相氏 : 잡귀를 쫓는 역할)
황금색의 눈을 네 개 가진 모습으로
상여 앞에서 길을 닦는다.

- 명정(銘旌) : 누구의 장례
행렬인가를 나타내는 깃발.

쉽게풀어쓴상례와제례

상복차림으로 상여를 따르는 모습(상주)

상여가 장지로 출발하고 있다.

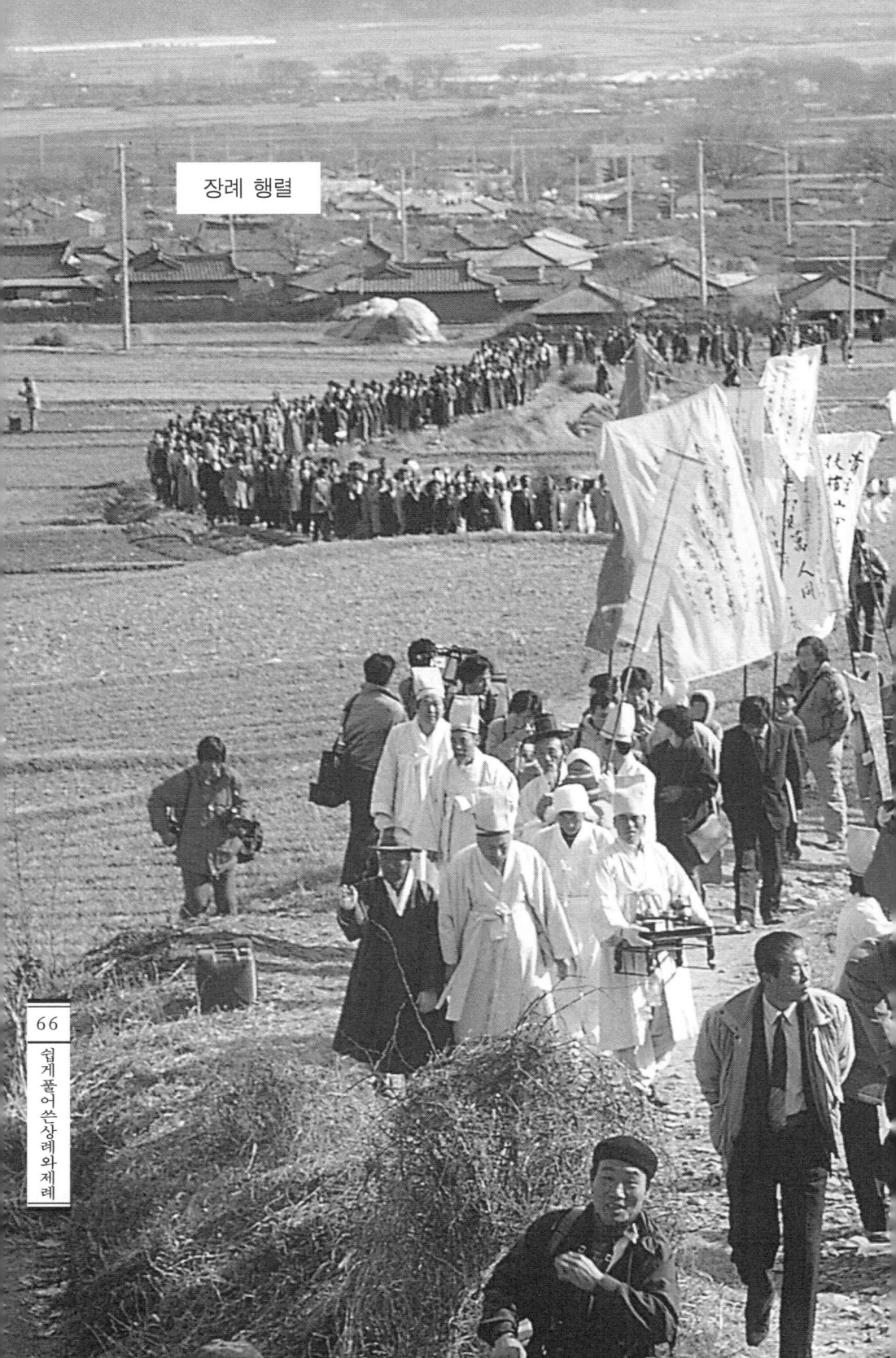

장례 행렬

요여

－ 공포(功布) : 장대에 삼베천을 매단 깃발로 길이 좋고 나쁜
것을 알리는 신호기 역할을 한다.
－ 만장(輓章) : 죽은이를 기리고 슬퍼하는 글을 쓴 깃발.
－ 요여(腰輿) : 혼백상자를 모시고 가는 작은 상자.

7. 노제(路祭)

장지(葬地)로 가는 길에서 개울이나 갈림길을 만나면 상여

상여 행렬이 중간에 쉬었을 때 상주들이 상여를 지키는 모습

를 멈추고 노제를 지낸다.

훗날 제사 때 찾아오는 영혼이 길을 잃어 버리지 말라는 뜻
과 고인과 친한 조객이나 친척 가운데 뜻있는 사람이 스스로
조전자(祖奠者)가 되어 제물을 준비하였다가 지낸다.

8. 구지(柩至)

장례행렬이 묘지에 도착하여 치르는 일로 묘지의 남쪽에 관

신주와 혼백상자를 들고 산으로 향하는 모습

땅을 파기 전 산신에게 제사지내는 것 (산신제)

시신이 묻힐 곳을 파는 모습. 오른쪽 앉아 있는 사람이 지관이다.

의 상(上)이 북쪽을 향하게 모시고, 관의 서쪽에 영좌를 설치하고 명정으로 관(棺)을 덮는다.

　남자복인(男子服人)들은 묘지의 동쪽에 서고 여자복인(女子服人)들은 묘지의 서쪽에 서서 슬픔을 나타내며 영좌 앞에서 손님을 맞는다.

9. 하관(下棺)

　관(棺)을 묘혈 중에 넣는 의식으로 하관시 관과 함께 묻는 경우도 있고 관에서 시신만을 들어내 안치하는 경우가 있다.

　대부분 시신의 움직임이 없도록 관을 제거한다. 시체는 머리를 북쪽으로 두고 발을 남쪽으로 가게 하여 광중 내광(內壙) 안에 반듯하게 모시며 명정을 덮고 횡대로 내광을 덮은 후 주상(主喪)은 묘지에서 파낸 흙을 담아 시토(始土)라고 세 번 외치면서 흙을 광중에 세 번 쏟아 뿌리면 산역꾼들이 나머지 흙을

산신제를 지내고 나서 산신에게 술을 따르는 모습

장례 당일 산에서 상주가 조문객을 맞는 모습

사라져 가는 방상씨

쉽게 풀어 쓴 상례와 제례

덮는다.

하관시 하관을 목격해서는 안되는 띠(12간지 중)를 지닌 사람들은 잠시 하관 장소를 피하거나 고개를 돌리는데 이는 하관을 보아서는 안될 사람이 보면 살을 맞아 즉사한다고 믿기 때문이다.

또한 하관시간을 두는 이유는 사람이 출생시 시간이 사주팔자로 일생을 좌우하듯이 죽어서 땅에 묻히는 시간도 저승살이의 운명을 좌우하는 것으로 믿기 때문이다.

내광이 흙으로 메워지고 평지가 되면 축문을 읽고 평토제를 지내고 봉분을 만든다. 평토제는 산에서 올리는 마지막 제사라 하여 성대하게 지내며 대부분 맏사위가 맡아 지낸다. 평토제가 끝나면 상주는 혼백상자를 모시고 집으로 돌아온다.

  - 예전에는 아버지가 먼저 별세하면 어머니를 합장할 수 있었으나 어머니가 먼저 별세하면 아버지는 합장하지 않았는데 이는 여자는 죽어서 남자에게 따라가나 남자는 죽어서 여자에게 따라가지 않는다는 자존사상(自尊思想)에서 유래된 것 같다.

10. 성분(成墳)

봉분을 만들고 석물을 세우는 것을 말하며 석물로는 혼유석, 상석, 향로석, 망주석 등을 세운다.

혼유석은 상석 뒤 무덤 앞에 놓는 장방형의 돌이고, 상석은 무덤 앞에 제물을 차려놓는 돌로 만든 상이며, 향로석은 무덤 앞에 향로를 올려놓는 돌을 말하고, 망주석은 묘 양쪽에 세우는 돌기둥을 칭한다.

장례 당일 상주들이 하관에 앞서 상을 차리는 모습

석물(石物)들의 의미는 망주석(望柱石)은 무덤이 있다는 표시용이며, 장대석(長臺石)은 계절을 짓고, 혼유석(魂遊石)은 혼이 나와서 노니는 곳이다. 문무석(文武石)은 벼슬을 한 사람들에 한하여 설치 하였으며, 호분석(護墳石)은 봉분 밑부분에 둘러 흙이 흘러내리지 않게 하는 것이며, 곡장(曲墻)은 무덤 뒤쪽의 흙이나 물의 흘러내림을 막기 위하여 둘러쌓는 것을 말한다.

석물도 개사초와 마찬가지로 여름이나 겨울에 하지 않고 봄, 가을에 하는데 주로 봄의 한식 무렵에 많이 한다.

II. 사후토(祀后土)
묘지를 조성하고 산신에게 알리는 절차이다.

하관 직전의 모습

하관 후 상주들이 마지막으로 곡하는 모습

12. 반곡(反哭)과 반혼(反魂)

반곡이란 영거(靈車)를 모시고 집으로 돌아가면서 상주 등 상인들이 곡(哭)하는 것을 말하며, 반곡시에는 부모가 옆에 있듯이 천천히 걸으며 슬픔에 이르면 곡을 하고, 집의 문이 보이면 곡을 한다.

반혼(反魂)은 혼백을 집으로 모셔가는 것을 말하며 반곡하는 길에 조상(弔喪)하는 사람이 있더라도 길에서 조례하지 말고 집에 돌아와서 조상을 받아야 한다.

반혼 후에도 상향곡을 하고 상주가 여묘살이를 하면 반혼하지 않는다. 반혼을 할 때에는 반드시 왔던 길로 되돌아가야 한다.

이는 다른 길로 가면 혼이 길을 잃게 되어 온전하게 반혼하기 어렵다기보다는 잡귀가 범접하지 못하도록 하기 위한 것이고, 반혼시 앞만 보고 가며 뒤를 돌아보지 않는 것은 주검에 미련을 두면 올바른 반혼이 어렵다고 믿기 때문이다.

집에 돌아오면 영좌를 궤연에 모시고 극진한 슬픔을 나타낸다.

13. 궤연(几筵)

궤연은 주상(主喪)이 상복을 입는 기간 동안 영좌를 모시는 장소이다.

조용한 방에 병풍을 치고, 교의를 놓은 다음 교의 위에 혼백과 신주를 모시고, 그 앞에 제상과 향안을 배설한다.

하관 후 맏상주부터 시토(始土)하는 모습

14. 상식(上食) · 삭망(朔望)

상식(上食)은 궤연을 모시는 동안 조석으로 상을 차려 올리는 것이며, 삭망(朔望)은 매월 초하루에 보름의 상식보다 낫게 상을 차려 올리는 일이다.

15. 우제(虞祭)

우제부터 제사(祭祀)라 한다.

우제 이전은 전(奠)이다. 제(祭)는 온갖 제물을 진설하고 술을 석 잔 올리는 삼헌(三獻)의 예이나 전은 술을 한 잔만 올리며 차례를 지낼 때도 술을 한 잔만 올리는데 이는 제사가 아니기 때문이다.

우제란 돌아가신 영혼을 위로하는 제사이다. 사람이 죽으면 형체는 땅밑으로 돌아가고 없기 때문에 영혼이 안정을 찾지 못하고 불안한 상태에서 방황하고 있는 것을 신주나 혼백에 의지하여 안심하도록 하기 위하여 세 번의 제사를 지낸다.

장례지낸 당일부터 지내는데 처음 지내는 우제를 초우제(初虞祭), 2일만에 지내는 우제는 재우제(再虞祭), 3일만에 지내는 우제는 삼우제(三虞祭)이다.

우제는 기제와 달리 참신이 없고 우제축(虞祭祝)에 아버지인 경우에는 상주는 자기를 고자(孤子)라 하며 어머니는 애자(哀子)라 하고, 부모가 다 돌아가셨을 때는 고애자(孤哀子)라 칭했다.

쉽게풀어쓴상례와제례

하관 후 평토가 끝나고 봉분이 이루어지기 전에
상주들이 먼저 집으로 돌아오는 모습

○ **초우제**(初虞祭)

장례를 지낸 당일에 지내는 제사이다. 제사를 지낼 때는 참신(參神)을 하는데 참신은 귀신에게 처음 하는 인사로 재배하며, 여자는 사배한다. 그러나 우제에는 참신이 없고 그 대신 신주를 모셔오면 서서 곡하는 것으로 대신한다.

○ **재우제**(再虞祭)

초우를 지낸 다음날 지내는 제사로서 초우와 달리 식전에 동이 틀 무렵인 궐명에 나물과 과일을 진설하고 날이 밝아지는 질명에 행사를 하며 예법은 초우와 같다.

○ **삼우제**(三虞祭)

장례를 지낸 3일째 되는 날 지내는 제사로, 최근에는 장례 3일만에 성묘하고 삼우제만을 올리는 경우가 많다.

16. 답 조장(答弔狀)

삼우제를 지낸 다음에 조문왔던 손님들에게 인사장을 보낸다.〈뒤의 가정의례준칙 참조〉

17. 사십구제(四十九祭)

장례일로부터 49일째 되는 날 사십구제(四十九祭)를 올린다. 원래는 불교 의식이었으나 유림(儒林)에서도 49제를 올린다.

※참고 : 불교에서는 영혼이 육신을 떠나 천당과 지옥을 가기 위한

삼우날 추연 권용현 선생의 제자들이
행장을 들고 산으로 향하는 모습

삼우제 모습

쉽게풀어쓴상례와제례

문을 통과하는데 7개의 관문이 있고, 1개의 관문마다 일주씩 걸리는 관계로 7개의 관문을 모두 통과하는 날 49제를 지낸다 한다.

18. 졸곡(卒哭)

졸곡은 수시로 하던 무시곡(哭)을 그친다는 뜻으로 삼우제가 끝난 뒤 첫 강일에 지내는 제사이다. 졸곡 이후부터는 조석 사이에 슬픈 마음이 들더라도 곡하지 않고 조석곡만을 한다.

졸곡제는 우제와 같이 여명에 지내고 참신도 없으며 정화수를 사용한다.

　- 과거에는 상주들은 졸곡제 전에는 외출하지 않았다고 하는데 이는 부모를 잃은 죄인으로 근신하는 모습을 보여준 것으로 풀이된다.

19. 소상(小祥)

상(祥)은 길(吉)의 뜻으로 소상은 글자 그대로 '작게 길하다'라는 뜻이다. 초상을 치르고 만 1년이 되는 날이 소상이다.

소상을 치르면 삭망때와 상식때를 제외하고는 아침저녁의 곡을 하지 않으며 이른 아침에 제례를 올린다. 소상 때의 축문은 별도로 있다.

20. 대상(大祥)

초상을 치르고 만 2년째 되는 날, 곧 소상의 제사를 지낸 만 1년이 되는 날이 대상이다. 윤달은 계산하지 않고 재기일에 치르며 이른 아침에 제례를 올린다. 대상때의 축문은 소상과 같

고 소상을 대상으로만 고치고 상사(常事)를 상사(祥事)라고
쓴다.

21. 담제(潭祭)

담제는 편안하게 하는 제사라는 뜻으로 대상 후 석 달만에
담제를 지내고 담제 후에는 완전히 탈상하고 상(喪)을 당하기
이전 생활로 되돌아간다.

- 축(祝)에 고자(孤子), 애자(哀子), 애고자(哀孤子), 상중(喪中)에
  담제 까지만 쓰고 담제 후에는 효자(孝子)라고 쓰는데 여기서 효
  (孝)는 효도효(孝)를 맏효(孝 : 큰 아들)로 해석한다.

22. 탈상(脫喪)

최근에는 탈상을 예전처럼 지키지 않고 앞당기는 경우가 많
은데 중요한 것은 상주들의 마음가짐이다.

탈상을 하면 상복을 벗고 빛깔있는 옷을 입을 수 있으며 음
식도 금하는 것 없이 먹을 수 있다.

탈상을 통하여 죽은이의 영혼에 대한 의례는 끝나고 후손들
은 상주의 제약에서 벗어난다. 곧 상을 당하기 이전의 행동으
로 돌아가는 것이다.

Ⅲ. 상사시(喪事時) 축문

ı. 축문(祝文) 서식

  묘지의 일을 시작하기 전에 산에서는 사토제(祠土祭)를 지
냅니다.

維歲次○○　○月朔　○日○○

○○○　敢昭告于

土地之神　今爲　○○○公　營建宅兆

神其保佑　俾無後艱

謹以淸酌脯醢　祗薦于神　尙

饗

술을 올린 다음 축관이 견전축(遣奠祝)을 읽어 고한다.

靈輀旣駕 往卽幽宅 載陳遣禮 永訣終天
●해설 : 영혼께서 이제 상여를 타시고 유택으로 가시게 되어 전
을 올리고 이승을 마치심을 고하나이다.

광 왼편에서 후토씨(토지신)께 전을 올리고 축문을 읽어 고
한다. 토지신에게 올리는 전이 끝남과 동시에, 광(壙) 남쪽 가
까운 곳을 파고 지석(誌石)을 묻는다.
신주(神主)의 서식은 다음과 같다.

「顯考學生府君 神主」
「顯考司憲府持平府君 神主」

維歲次○○ ○月○○朔 ○日○○

幼學○○ 敢昭告于

土地之神 今爲 ○○○公 窆玆幽宅

神其保佑 俾無後艱

謹以淸酌脯醢 祇薦于神 尙

饗

「顯妣孺人全州李氏 神主」

아내는 망실(亡室)이라 하고, 서자(庶子)의 어머니는 망모
(亡母)라 한다.

망인이 상주의 손아래일 경우는 현(顯)을 쓰지 않고 대신
망(亡)을 쓰고 망인이 남자라도 부군(府君)은 쓰지 않는다.

신주를 다 쓰면 신주를 받들어 영좌에 모시고 혼백은 상자에
담는다. 평토가 되면 평토제(平土祭)를 모신다.

전을 올리고 상주 이하 복인(服人)이 무릎을 꿇고 앉으면
축관이 축을 읽는다.

어머니 상(喪)에는 애자(哀子)라 하고, 어머니·아버지가
다 돌아가셨을 때는 고애자(孤哀子)라 한다.

망인이 상주의 손아래 사람일 경우에는 감소고우를 그냥 고
우(告于)라 하고, 복유존영을 유, 영(惟, 靈)이라 한다.

維歲次○○ ○月○○朔 ○日○○

孤子○○ 敢昭告于

顯考學生府君 形歸窀穸 神返室堂

神主既成 伏惟

尊靈 舍舊從新 是憑是依

2. 초우(初虞) 재우(再虞) 삼우(三虞)

상주가 한 발 물러나 꿇어 앉고, 축관은 상주 오른쪽으로 가서 꿇어 앉아 축을 읽는다.

축을 쓸 때 고자(孤子)는 졸곡(卒哭)까지만 쓴다.

졸곡이 지나면 종가(宗家)의 종자(宗子)는 효자(孝子)라 하고, 종자가 아닌 사람은 자(子)라 한다.

망인이 아들일 경우에는 애모불영이라 하지 않고 비념상속

維歲次○○　○月○○朔　○日○○

顯考學生府君　日月不居　奄及初虞

孤子○○　敢昭告于

夙興夜處　哀慕不寧

謹以淸酌　庶羞哀薦

饗

祫事　尙

(悲念相屬) 심언여훼(心焉如毁)라 한다.

망인이 동생일 경우에는 비통외지(悲痛猥至) 정하가처(情何可處)라 한다.

망인이 형일 경우에는 비통무이(悲痛無已) 지정여하(至情如何)라 한다.

망인이 아내(妻)일 경우에는 비도산고(悲悼酸苦) 불자승감(不自勝堪)이라 한다.

아내나 동생 이하에는 근이(謹以)라 하지 않고 자이(茲以)라 하고, 애천(哀薦)을 진차(陳此)라 한다.

초우제를 모신 다음 유일(柔日)이 되면 재우제(再虞祭)를 모신다.

축문에는 엄급초우를 엄급재우(奄及再虞)라 하며, 협사(祫事)를 우사(虞事)라 한다.

제우를 모시고 나서 돌아오는 첫 강일(剛日)에 삼우제(三虞祭)를 모신다.

강일(剛日)이란 일진(日辰)에 갑(甲), 병(丙), 무(戊), 경(庚), 임(壬)이 든 날이다.

강일을 척일(隻日)이라 하여 양(陽)에 해당하는 날이라 한다.

축문에는 엄급삼우(奄及三虞)라 하고, 우사(虞事)를 성사(成事)라 쓴다.

3. 소상(小祥) 대상(大祥)

소상(小祥)은 돌아가신 지 만 1년이 되어서 지내는 제사이다.

축관이 축을 읽는다.

維歲次○○ ○月○○朔 ○日○○

顯考學生府君 日月不居 奄及小祥

夙興夜處 哀慕不寧

謹以淸酌 庶羞哀薦 常事 尙

饗

孝子○○ 敢昭告于

대상은 돌아가신 지 만 2년이 지나 기일(忌日)에 지내는 제사이다.

축문은 엄급대상(奄及大祥)이라 하며, 상사(常事)를 상사(祥事)라 쓴다.

현대의 약식 상례(喪禮)
― 가정의례준칙상의 상례 ―

본래 장례의 의식이 너무 번거롭고 복잡하며 또 각 지방에 따라 각각 조금씩 달랐다. 여기서는 가정의례준칙상의 상례를 소개하고 또한 각 종교마다 별도의 의식을 다루었다.

1. 장례 제식(葬禮祭式)

사람이 죽으면서부터 장례가 끝날 때까지의 제식(祭式)은 발인제(發靷祭)와 위령제(慰靈祭)만으로 하고, 그 이외의 노제(路祭)나 반우(返虞), 삼우(三虞)의 제(祭)는 행하지 않는다.

발인제는 영구(靈柩)가 상가(喪家)나 장례식장을 떠나기 전에 지낸다. 발인제의 식장에는 영구를 모시고, 명정(銘旌)을 세우고, 사진이나 위패(位牌)를 모시고, 촛대·향로·향합을 준비한다. 개식(開式)을 하면 상주들은 분향하고, 고인의 약력 소개에 이어 조객(弔客)들의 분향으로써 발인제는 끝난다.

위령제(慰靈祭)는 매장(埋葬)을 할 때 성분(成墳 : 묘의 봉분)이 끝나면 묘 앞을 혼령의 자리〔靈座〕로 하고, 간소한 제수를 차려놓고 분향을 하며, 술잔을 올리고 축문을 읽은 다음 절을 함으로써 끝난다.

화장(火葬)일 경우에는 유골함(遺骨函)을 혼령의 자리〔靈

座)로 하고, 묘 앞에서와 같은 위령제를 모신다.

2. 장례일(葬禮日)

부득이한 경우가 아니면 사망(死亡)한 날로부터 3일째 되는 날 장례를 치른다.

3. 상기(喪期)

부모(父母)와 조부모(祖父母), 그리고 배우자(配偶者)의 상기(喪期)는 사망한 날로부터 1백일까지로 하고, 그 이외는 장례일까지를 상기로 한다.

상기 중에는 신위를 모시는 궤연(几筵)을 설치하지 않고, 탈상(脫喪) 제사는 일반 기제사(忌祭祀)와 같이 제사를 모신다.

4. 상복(喪服)

한복(韓服)을 입을 때에는 흰색이나 검은색의 옷을 입고, 양복을 입을 때에는 검은색의 옷을 입으나 부득이 한 경우에는 일상 평상복(平常服)을 입는다.

별도의 상복은 마련하지 않으며 왼쪽 가슴에 상장(喪章)이나 흰색의 꽃을 단다.

흰옷이나 검은색 옷을 입는 기간은 장례일까지로 하고 왼쪽 가슴에 상장(喪章)을 다는 것은 탈상 때까지 한다.

5. 상제(喪制)

고인의 배우자(配偶者)와 직계비속(直系卑屬)을 상제(喪

制)라 한다. 주상(主喪)은 고인의 장자(長子)가 되며, 장자가 없을 때는 장손(長孫)이 주상이 된다.

고인에게 자손이 없을 경우에는 가장 가까운 사람이 상례를 주관한다.

6. 운구(運柩)

영구차(靈柩車)나 영구 수레로 관을 옮기고, 부득이 한 경우에 한하여 상여(喪輿)를 쓸 수 있으나 상여에는 불필요하게 화려한 장식을 하지 않는 것이 좋다.

관을 옮길 때 행렬의 순서는 사진, 명정(銘旌), 영구(靈柩), 상제(喪制) 그리고 조객(弔客)의 순으로 한다.

7. 발상(發喪)

정제수시(整齊收屍 : 시신을 입관하기 전에 염을 하는 것)가 끝나면 상제들은 옷을 갈아 입는다. 평소에 입던 옷을 벗고 흰색이나 검은색으로 검소하게 입는다. 그리고 반지나 목걸이, 머리의 장식물을 벗는다.

옷을 갈아 입고 나서 곡을 한다.

곡(哭)이란 울음이 아니다. 울음은 발상(發喪)에서 우는 것이 아니고, 장례가 끝나고 친척들도 다 돌아간 뒤 홀로 남았을 때 나오는 것이다.

발상(發喪)이란 초상이 났음을 외부에 알리는 것이다.

상가에 들어가는 입구에는 가로 세로 40Cm 정도의 백지에 먹물로 '상가' '忌中' '喪中'이라 쓰고, 먹물로 둘레를 그려 조객들이 상가를 쉽게 찾을 수 있게 표시를 한다. 〈p26참조〉

마당에 차일(遮日)을 치는 것도 상가임을 알리는 한 방법
이다.

옛날과 같이 'ㅇㅇㅇ복, 복, 복'하며 초혼(招魂)하는 것이
나, 망인의 옷을 지붕 위에 올리는 것은 별 의의가 없을 뿐 아
니라 남에게 혐오감을 줄 염려도 있으므로 삼가는 것이 좋다.

8. 전(奠)과 영정(影幀)

시신을 가린 병풍 앞이나 방 밖의 마루에 탁자를 놓고, 망인
의 사진을 검은색 틀에 넣고 검은색 리본을 달아 탁자 위에 모
셔 놓는다.

영정(影幀) 앞에 전(奠)을 올린다.

전으로 올릴 것은 술과 삼색 과일이다.

전을 올린 탁자 앞에는 향안(香案)을 놓는다. 격식에 맞는
좋은 향로가 아니더라도 향불이 그치지 않게 해야 하며 날이
어두우면 촛불을 밝히고 꺼지지 않게 한다.

소렴을 할 때 망인의 입에 쌀과 돈을 넣는 것은 꼭 지켜야
할 만한 일은 아니다.

소렴금으로 덮을 때 입관할 시간이 길면 만일을 생각하여 베
로 발목, 무릎, 허벅다리, 두 손을 모은 허리와 배, 두 팔과 함
께 가슴 부위를 묶는 것이 좋다. 시신이 뒤틀리면 입관할 때
어렵기 때문이다.

소렴이 끝나 시신을 칠성판에 모실 경우에 칠성판은 마른 판
자를 사용해야 한다.

관은 잘 마른 판자로 만들어야 하며, 시신의 몸집과 키에 알
맞게 해야 한다. 관이 시신보다 너무 커서 공간이 많이 생기는

것은 정성들여 모신 시신이 움직이기 때문에 좋지 않다.

관(棺)에 쓰이는 나무로는 삼(杉)·잣(栢)·은행(銀杏)
나무 등을 들 수 있으나 소나무가 가장 적당하다.

시신을 관에 모실 때에는 관 바닥에 지금(地衾 : 이불)을 깔
고, 시신의 머리를 괴는 베개는 잘 마른 짚을 삼베로 싸서 쓴
다. 대렴금(大殮衾)은 별도로 만들 필요는 없고 천금(天衾)으

상복에 매는 허리띠

로 덮는다.

지금(地衾)은 노란색이나 파란색 인조견과 삼베나 무명베 두 겹으로 만들고, 천금(天衾)은 빨간색 인조견과 삼베로 만든다.

관에 모신 다음 시신과 관 사이의 공간을 채울 때는 될 수 있는 한 망인의 옷 가운데서 삼베나 무명 또는 인조견으로 된 것만을 가려서 넣어야 한다.

9. 영좌(靈座)

입관이 끝나면 병풍으로 가린 다음 빈소(殯所)에나 빈소 가까운 대청 또는 마루에 영좌(靈座)를 설치한다.

교의에 영정(影幀)을 모시고 제상을 놓고 그 앞에 향안(香案)을 놓는다. 명정(銘旌)은 영좌 오른편으로 병풍에 걸거나 벽에 건다.

學生全州李公之柩

孺人金海金氏之柩

〈명 정〉

상제는 영좌 앞 오른쪽, 손님의 위치에서는 영좌 왼쪽에 자리를 한다.

명정은 진분홍색 비단 한 폭, 길이 일곱 자로 아교에 흰 분(粉)을 섞어 쓰거나 먹으로 쓴다.

망인이 관직(官職)이 있으면 '학생' '유인' 대신에 관직명을 쓰고, 관직이 아니더라도 박사(博士), 교수(敎授), 문인(文人), 변호사(辯護士) 등은 그대로 쓴다.

이 때 망인의 유명한 호(號)가 있으면 '학생' 대신 호를 쓰기도 한다. 명정은 관 위에도 쓴다. 이를 관상명정 또는 관명정이라 한다.

영정을 모시면서도 지방을 쓰기도 한다.

顯
考
學
生
府
君
神
位

아
버
님
신
위

〈지 방 : 아버지의 경우〉

〈지 방 : 어머니의 경우〉

顯妣孺人全州李氏神位

어머님신위

10. 성복(成服)과 성복제(成服祭)

입관이 끝나면 상제들은 상복 차림을 한다.

이는 특별한 차림을 하라는 뜻이 아니라 입관 때까지는 복장을 단정하게 하지 못하였다 하더라도 입관이 끝나면 복장을 단정히 하라는 말이다.

남자가 양복을 입을 경우에는 검은색 양복에 흰 와이셔츠, 무늬가 없는 검은색 넥타이를 맨다.

형편이 닿지 않을 경우에는 회색 양복을 입으나 밤색은 피하는 것이 좋고, 와이셔츠와 넥타이만은 흰색과 검은색이라야 한다.

한복을 입을 경우에는 바지나 저고리가 흰색이나 회색으로 하며, 무늬가 있는 것이나 비단으로 된 것은 입어서는 안된다. 두루마기는 흰색이나 검은색도 무방하나 모직으로 된 것은 가급적 피하는 것이 좋다.

형편이 가능하면 빨지 않은 광목으로 두루마기(옛날의 직령)와 바지를 지어 입는 것도 좋다.

굴건은 없지만 두건(頭巾)은 삼베나 광목으로 만들어 장례 때까지와 탈상 제사 때에 쓴다.

두루마기와 두건을 지어 쓸 수 없을 때에는 상장(喪章)을 왼쪽 가슴에 단다. 상장은 마포나 광목으로 가로 7Cm, 세로 3Cm되게 접어 나비 모양으로 만든다.

여자는 흰 치마·저고리 차림을 하고, 이때 주의해야 할 것은 속옷도 흰색으로 갖춰 입는 것이다. 검은색 치마·저고리 차림도 무방하다. 양복은 검은색이 좋으며, 이 때 양말과 구두의 색에 유의해야 한다.

▶ 상 장 ◀

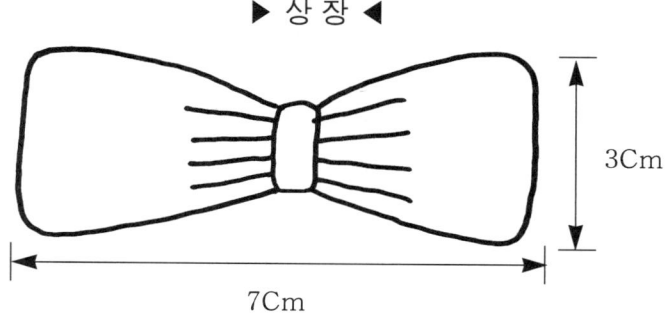

3Cm

7Cm

여자 상제들이 옷을 새로 지어 입을 때는 광목으로 하기가 싫으면 옥양목으로 하는 것이 좋다. 좋은 비단으로 지어 입는 것은 상복이 아닌 사치품이라 상기(喪期)가 끝난 다음에 입어야 한다.

장례 때까지 광목으로 수건을 만들어 쓰기도 하고, 상장(喪章)과 같이 만들어 핀으로 머리에 붙이기도 한다.

상복 차림이 끝나면 제수(祭需)를 갖추어 성복제(成服祭)를 모신다.

제수로는 메, 국, 떡, 고기, 생선, 김치, 간장, 나물, 과일 등이다.

제상에 진설이 끝나면 향을 피우고 곡을 하며 재배(再拜)하고 술잔을 올리고 나서 메에 수저를 꽂고, 젓가락을 고기나 생선 위에 올려 놓고 재배(再拜)한다.

흔히 성복제와 발인제를 혼동하여 성복제는 생략하고 발인제를 지내기도 하나, 시신을 관에 모시고 상복 차림을 한 이상 제수를 다 갖출 수 없다 하여도 다만 몇 가지만이라도 진설하고 술을 올리는 것이 예의에 마땅하다.

밤, 대추, 곶감을 20Cm나 30Cm로 높이 치장하여 쌓을 필요는 없고, 제기(祭器)에 알맞게 정성들여 담는 것이 좋다.

입관 전에는 전(奠)을 올리지만 입관 뒤에는 아침·저녁 끼니에 상식을 올린다. 메, 국, 적, 반찬 등 밥상 차림으로 한다.

상식상을 영좌 앞에 놓고, 상제는 곡을 하며 재배한다.

옛날의 예법을 그대로 따르지 않고 모든 것을 간소화한다 하여 상식을 소홀히 하는 것은 예의에 어긋나는 일이다.

입관한 뒤에 상식을 올리는 것이라 3일장이면 두 끼니이고 4일장이면 네 끼니이니, 망인으로는 마지막 끼니라는 생각에서 정성을 기울여야 한다. 발인제보다 더 중요시해야 할 것이다. 만일 망인이 평소에 술을 즐기셨다면 상식 상에도 술을 올리는 것이 좋다.

11. 호상(護喪)

발상(發喪)과 아울러 장례 일체를 주관하고 지휘할 만한 친척이나 친구를 택하여 호상(護喪)을 정한다.

호상이 상제와 의논하면서 장례 절차를 차려야 한다.

호상은 상제 가까운 곳에 호상소를 설치하고, 일을 할 만한 사람을 시켜 조상하는 손님들의 방명(芳名)을 조객록(弔客錄)에 기록하고 부의 금품(賻儀金品)을 부의록(賻儀錄)에 기록한다.

호상은 치상(治喪)의 예산을 세우고, 상제의 친척과 친지에게 연락을 하며 장례 계획을 세운다.

12. 부고(訃告)

신문의 광고란을 통하여 부고를 내는 경우라도 그 신문을 보지 못하는 경우를 참작하여 꼭 기별을 해야 할 곳에는 서신(書信)으로나 사람을 시켜 초상이 났음을 알려야 한다.

특별히 친근하지 않은 곳에 부고를 내는 것은 삼가해야 하나, 친척이나 장례에 참석하지 못하여 섭섭히 생각할 만한 곳에는 알리는 것이 상제의 도리이다.

조상은 상제를 위로하는 것만 아니라 망인과의 작별 인사이므로, 부고도 상제만을 중심으로 하여 낼 것이 아니라 망인의 위치에서도 낼 곳을 생각해야 한다.

서신으로 부고를 할 때에도 서신을 보내는 사람의 이름은 호상으로 하며, 그 서신을 받는 사람이 알 수 있는 상제의 이름을 하나나 둘 쓴다. 다 알지도 못하는 손자나 조카까지 나열할 필요는 없다.

부고를 신문에 낼 경우 부인과 남편의 이름, 아들과 딸, 사위의 이름을 다 쓰는 것은 좋으나 나이가 어린 손자, 외손자, 조카의 이름까지 쓸 필요는 없고, 망인이나 상제의 직위를 나타내는 것은 예의가 아니라 하겠다.

〈부고 서식 : 한글서식(한자서식은 앞 p31참조)〉

○○의 아버님 ○○○씨께서 노환으로 ○월 ○일 작고하셨습니다. ○년 ○월 ○일, ○군 ○면 ○리(선영)로 장례를 모시겠습니다.
　　　　　　아들　　○○
　　　　　　　　　　○○
　　　　○년 ○월 ○일
　　　　　　　호상　○○○드림

13. 장지(葬地)

자손으로서는 부모가 돌아가시기 전에 장지에 대해 미리 생각해야 한다.

매장을 하지 않고 화장을 하는 경우에도 유골을 봉안하려면 장지는 있어야 한다. 그러나 마땅한 장지가 없을 때에는 납골관(納骨館)에 모신다.

장지는 공동묘지나 공원묘지를 사용할 수 있고, 선산이 있으면 선영 아래를 택한다.

14. 발인(發靷) 및 성분(成墳)

장례일(葬禮日)이 되어 발인(發靷)을 하려면 발인제(發靷祭)를 모신다.

망인이 집을 떠나는 때에 드리는 제사이므로 이것을 견전례(遣奠禮)라고도 한다.

영좌 앞 제상에 제수를 갖추어 진설한 다음 상제가 분향하고, 차례대로 술잔을 올리고 곡을 하며 재배한다.

이 때는 장례에 참석한 친척은 누구나 잔을 올릴 수 있고, 가까운 친지도 잔을 올려 석별(惜別)의 정을 나눈다.

집안에서 발인제를 모시고, 영결식(永訣式)을 하게 될 경우에는 영결식장으로 운구(運柩)한다.

장례 행렬(상여 나가는 모습)

현대식 장례 행렬

쉽게 풀어 쓴 상례와 제례

영결식은 사회자가 있어, 대개 다음과 같은 순서로 진행한다.

① 개식사(開式辭)
② 망인의 약력 보고
③ 조사(弔辭)
④ 조가(弔歌)
⑤ 유가족과 조객의 분향
⑥ 폐식사(閉式辭)

경우에 따라서는 집에서 발인제를 지내지 않고 영결식으로 써 발인제를 대신하기도 한다.

발인이 끝나면 영구(靈柩)를 상여(喪輿)나 장의차에 모시고 장지(葬地)나 화장장으로 출발한다.

상여로 운구할 경우 장례 행렬은 다음과 같은 순서로 한다.

명정(銘旌)이 앞서고, 공포(功布), 만장(輓章), 영정(影幀), 상여(喪輿) 상제(喪制), 친척과 조객의 순서이다.

장지나 화장장에 도착한 뒤 그곳에서 조객을 맞을 경우에는 영구 앞에 향안(香案)을 놓고 조객을 맞는다.

장지에서는 영구가 도착하기 전에 천광(穿壙) 일을 한다.

일을 시작하기 전에 삼색 과일과 술로 산신제를 모시는 것도 무방한 일이다.

천광 일을 하면서 한두 사람은 떼를 준비하는데, 잔디는 좋은 것으로 준비하여 봉분에 입혀야 한다.

하관을 할 때에는 가풍(家風)에 따라 관을 빼고 시신만을 광중에 모시기도 하나, 일반적으로는 절관 끈과 관을 싼 종이나 베를 벗긴 다음 관째 광중에 모신다.

석관(石棺)을 쓸 경우에는 광중에 사방판(四方板)을 세운 다음 관을 열고 시신을 보여 석관 사방판 안에 모신 다음 천개 (天盖) 돌을 올려 놓는다.

관 위에 명정을 편다.

평토(平土)가 되고 상제가 집으로 돌아갈 경우에 평토제(平土祭)를 모신다.

제수는 고루 갖추지 못하여도 메, 국, 반찬, 과일 그리고 술을 올린다.

평토제가 끝나고 상제가 집으로 돌아갈 경우에는 친척이라도 몇 사람 남아 있어 성분하는 것을 지켜보아야 한다.

쉽게풀어쓴상례와제례

성분제를 모신다. 망인을 홀로 계시라 남겨두고 돌아가는 길이니 간단하나마 제수를 올리고 잔을 올려야 한다. 성분제를 모실 때에는 평토제는 생략한다.

15. 상가(喪家)의 준비 사항

발상(發喪)과 아울러 장례에 쓸 집기와 의복 이외의 세간은 정리를 하고, 일을 도와줄 분들이 때때로 쉴 수 있는 방을 비워 두어야 한다.

손님을 안내하고 대접하며, 전송하는 것은 호상소에서 한다.

바람에 펄럭이는 만장들

조객에게는 차나 음료수를 대접한다.

먼 거리에서 온 분에게 끼니가 되면 식사를 대접한다.

상제를 위로하기 위하여 머물러 있는 손님과 밤샘을 하는 손님에게는 지루하고 지치지 않게 간단한 음식과 술을 대접한다.

손님을 대접하는 차와 음식은 호상소에서 준비할 수 없는 일이므로 부인들이 세밀한 계획을 세워야 한다.

전(奠), 상식(上食), 성복제(成服祭), 발인제(發靷祭)에 쓸 제수(祭需)는 예로부터의 풍습이나 격식에 따라 가지 수를 많이 할 것이 아니라 망인이 특히 즐겨하였던 것 한두 가지와 고기, 생선, 채소, 과일 등 기본적인 것으로 충분하다.

16. 장례(葬禮)의 뒷처리

마루나 건너방의 정결한 자리에 영정(影幀)을 모신다.

옛날과 같이 삼면을 짚으로 엮어 두르고 만장을 늘어뜨리는 궤연(几筵)을 만들 필요는 없다.

그러나 영정을 모시고, 영정 옆에 지방을 붙이며, 영정 앞에 향안을 놓는 정도는 해야 한다.

아침과 저녁에 상식(上食)을 올리고 곡을 하며 재배를 하는 것은 상제가 알아서 할 일이다.

곡을 하고 재배를 하며, 영정 앞을 떠나지 않는 것 자체가 효도는 아니고 설령 효도라 하여도 망인에게 아무 필요가 없는 일이기는 하지만 자식으로서의 마음가짐이 문제인 것이다.

장례가 끝나면 정신이 수습되는 대로 호상소에서 일을 도와준 분, 망인의 병환을 치료해 준 분, 밤샘을 해 준 분을 찾아가

인사를 하는 것이 좋고, 조객에게는 고맙다는 인사 말씀을 우편을 이용하여 보내드리는 것이 필요한 일이다.

조객록(弔客錄)이나 조위록(弔慰錄), 그리고 부의록(賻儀錄)을 정리하여 둔다. 세월이 흐른 뒤에는 좋은 추억의 자료가 될 수 있기 때문이다.

[서식]

인사말씀

이번 아버님 장례에 여러 모로 도와주시고 후한 부의를 해 주셔서 찾아 뵈옵고 인사를 드려야 도리이오나 우선 몇 자 글로써 충심으로 감사 말씀을 드리옵니다.

너그러이 살펴 주옵소서.

○년 ○월 ○일

○○○올림

---

17. 삼우(三虞)

성분을 하고 집에 돌아오면 영정 앞에 과일과 한두 가지 제수에 술을 올리고 재배한다.

이 때 묵도를 해도 좋고 곡을 하기도 한다. 옛날의 반혼(返魂)의 의미보다는 이제까지 계시던 망인의 방을 둘러보고 허

전한 마음에서 다시 한번 명복(冥福)을 빌어드리는 것이다.

형편이 허락하는 대로 며칠이나마 아침 저녁으로 상식을 하는 것은 상제의 정성이다.

장례를 치른 3일째 되는 날 제수를 올리고 분향하고 곡을 하며 재배한다. 그리고 떠나야 할 가족과 함께 묘소나 납골관에 찾아가 뵙는다.

묘소에 갈 때에는 집에서 먼저 사용한 과일이 아닌 새 과일과 술을 가지고 가는 것도 무방하다.

묘소를 살펴 보고 봉분이나 주변에 일이 남아 있으면 아주 손을 보며 떼를 한 장이라도 잘 놓아야 한다.

18. 사십구제 · 졸곡 · 백일제

사십구제는 돌아가신 지 49일째 되는 날, 망인이 생전에 자주 찾았던 절이나 숭배하던 스님이 있는 절에 가서 망인의 영혼이 극락정토(極樂淨土)로 가시기를 바라는 마음에서 드리는 제사 의식이다.

일반적으로 집에서 모시는 제사가 아니며 누구나 다 모시는 것도 아니다. 망인이 소원했거나 불교를 신봉했었다면 의당 모셔드려야 할 것이다.

예식의 절차는 절에 가서 스님에게 일임하는 것이 좋다. 불교를 신봉하는 신도가 아니더라도 상제의 마음이 있다면 옛날과 같이 아침 · 저녁으로 상식, 곡, 재배를 제대로 다 못 드리는 것을 감안하여 망인의 명복을 빌어드리는 것도 좋은 일이다.

그러나 절에 갈 수 없는 처지라면 가족끼리 집에서도 가능한 일이며, 가족 가운데 누구 한 사람만이라도 묘소에 다녀오는 것도 의의가 있는 일이다.

졸곡(卒哭)은 돌아가신 지 석 달째 날을 받아 모시는 것이다. 그러므로 보통 70일 내지 80일경에 모시게 되는데 제수를 다 준비할 수가 없다면 한두 가지라도 마련하여 상식상(上食床)에 겸하여 올리고 곡하고 재배를 하는 것도 무방하다.

백일제를 모시게 될 경우에는 졸곡을 생략하고 돌아가신 지 백 일째 되는 날 백일제와 함께 겸하여 모시기도 한다. 백일제(百日祭)는 보통 절에 가서 모시는 것이나 때로는 집에서도 모신다.

가정의례준칙(家庭儀禮準則)에는 백 일째 되는 날 복을 벗는다.

가가례(家家禮)라 하여 집안에 따라 상례와 제례가 다르고, 사람에 따라 처지와 형편이 다르므로 어느 것이 옳고 그르다고 하기보다는 각자의 생각과 형편에 따라 정해야 한다.

백 일 되는 날 복을 벗지 않는 사람이라도 절에 가서 망인에게 천도(薦度)를 하여 드리는 것도 좋고, 집에서 제수를 올리고 명복을 빌어드리는 것도 좋은 일이다. 그리고 성묘를 가는 것도 좋다.

옛날에는 한식(寒食)·단오(端午)·추석(秋夕) 그리고 시월 초하룻날은 성묘를 드리는 것으로 된 것을 보면, 성묘란 제의(祭儀) 못지 않게 정성이 수반되는 것인지도 모른다.

성묘를 갈 때마다 술과 과일을 가지고 갈 형편이 아니더라도 졸곡(卒哭)이나 백일제(百日祭)에는 간단하게라도 가지고 가서 올리는 것이 좋다.

19. 소상(小祥)·대상(大祥)

돌아가신 지 만 1년이 되는 기일(忌日)에 대상을 모시려면 10개월째 되는 달에 날을 받아 소상(小祥)을 모시고, 첫 기일에 소상을 모시면 만 2년이 되는 기일에 대상(大祥)을 모신다.

옛날에는 대상을 지낸 뒤 담제(禫祭)를 모시고 복을 벗었으나 일반적으로 최근에는 대상 때 복을 벗는다.

일부에서는 백 일째 되는 날 복을 벗기도 한다.

이는 사회 생활을 하는데 있어 검은 양복에 검은색 넥타이나 흰옷을 오래도록 입을 수 없는 사회적인 제약 때문이라 하겠다.

그러나 화려한 빛깔이나 무늬가 있는 넥타이가 아니면 검소한 색깔의 일상적인 옷에 상장(喪章)을 달고 1년을 보내는 것도 좋으며, 여자도 상복 차림으로 활동하기가 어려우면 화려한 옷만은 삼가고 검소한 차림으로 1년을 지내는 것도 무방하다.

예로부터 심상 3년(心喪三年)의 예(禮)가 있는 것을 보면, 상제(喪制)는 고인(故人)을 애도하고 추모하는 마음이 중요함을 알 수 있다.

상복(喪服)이란 상제(喪制)라는 것을 나타내기 위한 복식(服飾)이 아니라 애통(哀痛)해 하는 마음에 겉모양을 아름답게 꾸밀 수 없기에 가장 검소한 복장을 하기 위한 의복(衣服)이다.

그러므로 상복 차림을 하고 절제(節制) 없는 생활을 하는 것보다는 가장 검소한 복장을 하고 마음으로 복을 빌어 1년이나

2년 동안 일상생활을 영위하는 것이 바람직한 일이다.

그런 의미에서 돌아가신 지 1년이 되는 첫 기일(忌日)에 소상을 모시고, 2년째 되는 기일에 가족과 가까운 친척이 모여 대상(大祥)을 모시는 것도 좋은 일이다.

소상과 대상의 제사 의식은 일반 기제(忌祭)와 다름없이 영정이나 지방을 모시고, 제수를 진설하고, 상주(喪主)가 분향하고, 강신(降神)한 다음 차례대로 술잔을 올리고 곡을 하며 재배한다.

축은 오늘날 통용되는 축문(祝文) 서식(書式)이 없으므로 옛날 축문 서식에 따라 쓰기도 하고,

※어느덧 1년이 지나 첫 기일이 되어

※슬픈 마음 가눌 수 없다는 것,

※어버이 생전에 효도를 못하고

※가르치심을 행하지 못하여 더욱 가슴에 맺힌다는 것,

※그러나 앞으로는 어버이의 가르치심을 명심하고 더욱 열심히 노력하겠다는 다짐을 드리고,

※약소(略少)하나마 제수를 올리오니

※흠향(歆饗)하십시오.

하는 내용의 말씀을 고한다.

축은 첫 술잔을 올리고 상주(喪主)나 다른 상제(喪制)가 읽는다.

술잔을 다 올리고 바로 물을 올리면 사신(辭神)을 하고 철상(撤床)을 하는 것보다 가족과 친척들이 제상 앞에 둘러앉아 고인을 추모하면서 생전의 일들을 이야기하는 것이 바람직한 일이다.

몇 가지 제수를 놓고 절을 하는 것이 제사의 전부가 아니다.

제사의 의의는 고인을 추모하는 것이므로 잊혀져가는 일들을
이야기하여 새롭게 그 뜻을 되새겨 보는 것이 참다운 제사가
아닌가 한다.

20. 조문

조객의 집안 풍습이나 신봉하는 종교가 다르더라도 조상을
갔으면 상가의 풍습에 따라 행하는 것이 예의이다. 그러나 상
가의 특수한 풍습을 모를 때에는 사회 일반적인 풍습대로 할
수밖에 없다.

조상을 갈 때에는 될 수 있는 한 끼니 때를 피하는 것이 좋
다.

상가의 일을 도와줄 처지가 아니면 정제수시(整齊收屍)가
끝나 발상(發喪)을 한 뒤가 좋고, 허물을 차릴 처지라면 염이
끝난 다음에 가는 것이 좋다.

부의(賻儀)를 할 때에는 돈을 깨끗한 종이에 싸서 단자(單
子)를 써서 함께 봉투에 넣는다. 단자를 쓴 종이에라도 돈은
싸서 넣는 것이 예의이다.

글씨는 먹물로 쓰는 붓글씨가 아니라도 검은색 잉크나 검은
색 볼펜으로 쓰는 것이 좋다.

봉투 앞면에는 '부의(賻儀)' '향전(香奠)' 'ㅇㅇ상제 호상소(ㅇㅇ
喪制 護喪所)' 라고도 쓴다.

주소와 성명을 쓴 단자(單子)를 쓰지 않았을 경우에 한해
봉투 뒷면에 주소·성명을 쓰고, 단자를 넣었으면 주소·성명
을 쓰지 않는다.

單　子

香燭代

일금　○○원정

년　월　일

○　○○○　謹贈.

賻　儀

금　○○원정

년　월　일

○　○○○　上

조상을 갈 수 없는 형편이나 먼 거리에서는 조전(弔電)을 친다. 조위 전보는 장례 전에 도착할 수 있도록 보내는 것이 좋다.

조전과 함께 부의금을 전신환으로 보낼 수도 있다.

불가피한 사정으로 조위 전보를 쳤을 경우에는 바로 이어 조위(弔慰) 편지를 보내는 것이 예의이다.

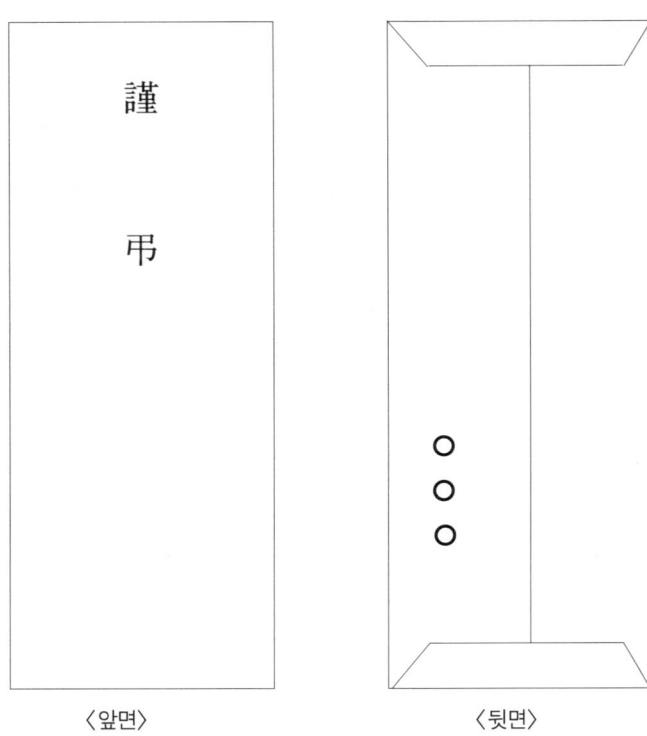

▶ 부의봉투 ◀

謹

弔

〈앞면〉   〈뒷면〉

조상을 가지 못하고 인편(人便)에 부의금을 보낼 때에는 조
위 편지를 함께 보내는 것이 예의이다.

돈만을 보내는 것은 차라리 보내지 않는 것만 못하다.

이웃이나 가까운 친지가 상을 당했을 때에는 밤샘(철야)을
하는데 필요한 죽이나 많이 필요한 과일을 보내는 것도 상가
에 큰 도움이 된다.

망인이 평소 숭배하는 분일 경우에는 조문(弔文)을 써가지고 가서 영정 앞에 놓아드리는 것도 좋다.

꽃을 가지고 갈 때에는 흰색이나 노란색으로, 꽃을 조그마한 바구니에 담아들고 가서 그대로 영정 옆에 놓는다.

너무 크게 만든 화환(花環)은 보내지 않는 것이 좋고, 또 조화(造花)는 금물이다.

상제를 위로하는 일로서는 철야하는 것과 장지나 화장장에 같이 가는 것이 가장 좋은 일이다.

밤을 새울 때는 밤이 깊고 조객이 더 오지 않을 만한 시간이 되면 상제에게 잠깐이라도 쉬도록 권한다.

상제가 쉴 동안에는 상제를 대신하여 빈소를 지켜주며 촛불과 향불이 꺼지지 않도록 세심한 배려를 해야 한다.

밤을 새울 때 상제가 권하는 술은 한두 잔 먹을 수 있으나 술이 취하여 거동이 흐트러지는 것은 예의에 크게 어긋나는 일이다.

망인이 여만하여 돌아가셨을 때 일반에서는 흔히 호상(好喪)이라 하여 웃고 떠드는 일이 있으나 호상(好喪)이란 있을 수 없는 것이다.

이웃이나 가까운 친지 사이에는 장례가 끝난 뒤에도 상제를 찾아가 위로하여 주는 것은 참다운 조위(弔慰)가 된다.

　또한 상제가 외로운 처지라면 가끔 전화를 하거나 편지를 보내 상제의 고독과 슬픔을 위로하여 주는 것은 더욱 좋은 일이라 하겠다

　상을 당하여 장례를 치르는 동안 상제의 하는 일이 많이 밀려 복잡한 경우에는 거들어 주는 것도 위로가 된다.

2부

제 례
(祭禮)

Ⅰ. 제례(祭禮)의 의의(意義)

제례란 돌아가신 선조에 대한 추모의 행사이며 뒤에 오는 세대에게 공경의 예를 가르치는 예절교육의 도장이기도 하다.

제사(祭祀)를 모시는 모든 예는 돌아가신 분의 기일(忌日)을 맞이하여 추모(追慕)의 정을 잊지 않고 지난날 잘못을 사죄하며 또 그분들을 추도하는 의식도 내포되어 있다.

그러므로 제사는 우리 조상들이 오랫동안 지켜오며 발전시킨 문화이며 이로 말미암아 사람들은 누구든지 자신을 존재시킨 근본에 대한 보답을 하려 하고 그 보답하는데 있어서의 형식 가운데 가장 소중하게 여기는 것을 선조에 대한 제사이며 또 효의 실천이라 생각해 왔다.

그러므로 제사를 통하여 가문의 전통과 숭조사상(崇祖思想)을 배우고 같은 뿌리를 가진 친족들과 제례라는 구심점을 통하여 동족의식을 고취해 온 것이다.

Ⅱ. 제례의 종류(種類)

『예기』를 보면 우리의 제례에는 사당제(祠堂祭), 사시제

(四時祭), 이제(禰祭), 기제(忌祭), 묘제(墓祭), 시조제(始祖祭), 선조제(先祖祭), 산신제(山神祭), 세일사(歲一祀) 등이 있으며, 불천위기제(不遷位忌祭)인 대제(大祭)가 있다.

I. 사당제(祠堂祭)

사당이란 조상의 신주(영혼)를 모시고 제사하는 곳으로 조선시대에는 평민들은 사당을 세우지 못하게 하고 제사만 올리게 하였고 사대부들만 사당을 세웠으며 사당을 가묘(家廟)라 했다.

사당에는 대부분 목제 신주나 위패를 모신다.

사당제에는 신알례(晨謁禮), 출입례(出入禮), 천신례(薦新禮), 참례(參禮), 고사례(告辭禮) 등의 다섯 종류가 있다.

종묘 위패

o **신알례**는 주인이 매일 새벽에 일어나 사당의 문안에 들어가 분향 재배하는 예로 아침 문안 인사이다.

o **출입례**는 주인이나 주부가 집 바깥을 출입할 때에 반드시 사당에 고(告)하는 것을 말하며 바깥에서 자고 올 때는 분향재배하고 멀리 떠날 때는 재배, 분향, 고사, 재배한다. 한 달 이상 집을 떠날 때는 재배, 분향, 고사, 재배 그리고 중문 밖에서 재배한다.

o **참례**는 정초, 동지 그리고 삭일(초하루)과 망일(보름)에 사당에 참례하는 것으로 참례시에는 술과 과일만 올리는 약식 제사(분향, 재배, 모사, 참신, 헌작, 재배, 사신)와 같다.

o **천신례**는 청명, 한식, 단오, 중양절(9월 9일)에 올리는 예로 그때에 맞는 음식인 약밥, 쑥떡, 수단, 과일 등을 올리며 절

종묘 제례 모습

쉽게 풀어 쓴 상례와 제례

차는 참례 때와 같다.

ㅇ 고사례는 집안에 특별한 일이 생기면 사당에 고하는 것을 말하며 절차는 참례와 같다.

2. 사시제(四時祭)

사시제는 보통 시제(時祭)라고 부르는 것으로 1월, 4월, 7월, 10월 달에 날자를 잡아서 고조부모 이하의 조상을 함께 제사하던 합동 제사이다.

3. 이제(禰祭)

이제는 부모만 제사지내는 것으로 예로부터 매년 9월달에 택일하여 올렸다. 제사의 절차는 시제와 같으나 현대에 와서는 기제에 흡수되어 거의 지내지 않는다.

4. 기제(忌祭)

조상(祖上)이 별세(別世)하신 날을 기일(忌日)이라 하며 기일 제사는 조상이 돌아가신 날에 올리는 제사이다.

대제를 비롯하여 고조부모(高祖父母)까지 4대봉사(四大奉祀)를 하며 합사(合祀)를 원칙으로 하고 고조부터 부모까지의 내외분 8위(位)를 대상으로 하나 계배비위(繼配比位)가 있으면 늘어나고 선대(先大)에 불천위대제가 있으면 여러 회가 되며 5대조 이상은 묘제로 지낸다.

※참고 : 조선조에는 3품관 이상은 고조부모까지 4대를 제사지내고, 6품관 이상은 증조부모까지 3대, 7품관 이하 선비들은 조부모까지 2

대, 서민들은 부모만 제사지냈다.

그러나 갑오경장 이후 신분제도가 철폐되면서 효도(孝道)하는데 신분의 차이가 있을 수 있느냐는 풍조가 일어 누구든지 고조부모까지 4대봉사를 하게 되었다.

고조부모까지 4대봉사를 하는 이유는 사람의 수명으로 보아 고조부모의 생전에 사랑을 받았으면서 어떻게 제사지내지 않을 수 있겠느냐는 것이다.

5. 묘제(墓祭)

조상을 모시는 제사로 고조까지는 집안에서 기제로 지내지만 기제사를 지내지 않는 5대조 이상의 조상에게 제사를 지내는 것이다. 묘제는 1년에 네 번, 즉 청명·한식·단오·추석에 묘소를 찾아가서 지냈으나 현대에 와서는 10월에 날짜를 잡아 문중에서 묘제를 행하고 있다.

묘제는 제사의 장소가 산소이므로 집안 제사와 다르고 또한 산신에 대한 제사가 따로 있다.

6. 대제(大祭)

불천위제사(不遷位祭祀)를 말하며 불천위제사는 집안에 큰 공훈이 있는 사람으로서 신주를 묻지 않고 사당에 영구히 두면서 제사를 지내는 것을 이르며 이 신위를 불천위 또는 불천지위(不遷之位)라 한다.

일반적으로 조상의 기제사는 4대까지만 봉사하고 5대부터는 혼백과 신주를 매장하고 묘제로 돌리나 대제(大祭)의 혼백과 신주는 매장하지 않고 계속 봉사한다고 하여 부조위(不祧位)라 부르기도 하고 불천위를 두는 사당을 부조묘라고도 부른다.

불천위를 받는다는 것은 문중 구성원들에게 단결과 동질감을 심어 줄 뿐만 아니라 문중에 명조(明祖 : 어진 선조)를 두었다하여 대단한 영광으로 여긴다.

불천위는 유림(儒林)에서 받는 향불천(鄕不遷)과 국가(國家)에서 받는 국불천(國不遷), 사사문중(私私門中)에서 지정된 사불천(私不遷) 등이 있는데 국가에서 하사한 국불천위를 빛나는 것으로 생각하였다.

7. 사갑제(祀甲祭)

사갑제란 회갑(回甲) 전에 돌아가신 부모의 회갑이 되는 날

도산서원제사. 부복하는 모습. 홀기(笏記)

음복 장면(도산서원)

에 드리는 제사로, 살아 계실 때 회갑잔치를 못해 드렸기 때문에 돌아가신 뒤에 잊지 않고 올리는 제사로 제사 의식은 기제(忌祭)와 동일하다.

8. 생신제(生辰祭)

생신제는 돌아가신 부모(父母)님의 생신(生辰)날에 지내는 제사로 부모님의 대상(大祥)을 지내기 전까지만 지내고 대상이 지나면 지내지 않는다.

9. 선조제(先祖祭)

자기의 5대조 이상 시조(始祖) 이하 모든 조상에게 지내는 제사이다. 매년 입춘(入春)에 지내는데 입춘 시기는 만물이 소생하기 시작하는 시기이기 때문이다.

선조의 위패를 모신 곳에서 지낸다.

10. 시조제(始祖祭)

자기 성씨를 개창한 시조에게 지내는 제사이며 매년 동지(冬至)에 지낸다.

동지에 지내는 것은 동지는 양(陽)이 일어나는 날이기 때문이다. 시조의 위패를 모신 곳에 지낸다.

11. 산신제(山神祭)

조상의 산소를 모신 산의 신에게 지내는 제의로 산신제를 지내는 날은 1년에 한 번 조상의 묘지에 제사를 지낸다.

같은 장소에 여러분의 조상 묘지가 있더라도 산신제는 한 곳에서 한 번만 지낸다.

12. 세일사(歲一祀)

세일사는 1년에 한 번만 지내는 제사란 뜻이다.

세일사 대상은 5대조 이상의 조상이며 부조묘(不祧墓)인 불천위 조상은 세일사에 지내지 않는다.

세일사 봉사자손은 문중의 장자손이 되는 것은 아니고 문중 대표가 봉사자가 된다.

Ⅲ. 기제일의 재계(齋戒)

별세(別世)하신 전일(前日)이 입재일(入齋日 : 제사지내기 전날)이고, 별세한 날이 정재일(正齋日 : 제사지내는 날)이고, 그 다음날이 파재일(罷齋日 : 제사를 끝내는 날)이다.

이 3일간은 재계(齋戒)를 해야 한다.

입재일에는 제주(祭主)와 주부(主婦)가 목욕재계(沐浴齋戒)하고 음주(飮酒)를 삼가며 가무(歌舞)를 하지 않는다. 상가(喪家)의 조문(弔問)도 하지 않고 집안을 깨끗이 청소하고 고인(故人)의 생존시를 회상하며 추모(追慕)한다.

재계는 엄숙하고 꺼리는 일들이 많다. 현대에 와서는 예전처

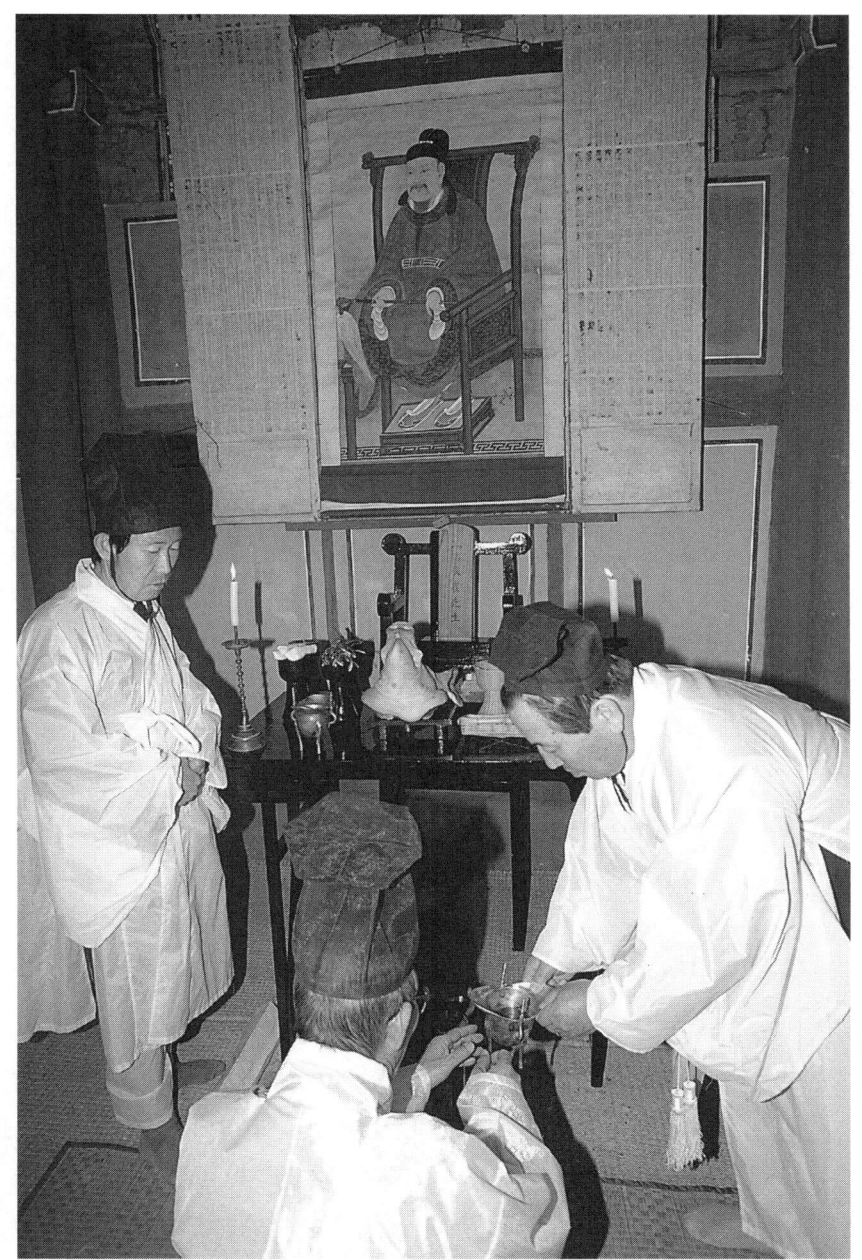

최치원을 모신 정읍 무성서원 춘제에서의 헌작 모습.

산신제의 상차림

럼 엄격한 재계를 실천하기란 쉽지 않겠으나 가능한 한 재계
기간 중 행동을 근신하고 조상을 추모하는 자세가 필요하다.

Ⅳ. 제사를 지내는 날짜와 시간[忌祭時間]

기일제의 제삿날은 조상이 돌아가신 당일이다.
　제사는 이날 첫새벽 질명(質明) 닭이 울기 전에 행하는데
보통 자정(子正)이 지나 새날이 시작되면 기제(忌祭)를 올리
는 것이 예(禮)이다.
　제사를 한밤중에 행하는 것은 귀신은 음도(陰道)를 따르며
또 귀신은 고요하고 그윽한 시간에 거동하는 것으로 생각되었

기 때문이다. 제사는 그날이 시작되기 전에 모든 것에 우선하여 행한다는 예문정신(禮文精神)을 강조한데 있다. 제사를 사망 당일 첫새벽에 그윽한 시간에 지내는 것은 그날이 되자마자 맨 먼저 신을 영접하여 재향하려는 뜻이다. 동시에 날이 밝아 세상이 혼탁해지기 전에 신을 불러 정성을 바치려는 뜻이기도 하다.

그러나 현대 사회구조와 생활여건에서 볼 때 새벽 제사로 다음날 활동에 지장이 있는 관계로 별세한 날 적당한 시간에 지내는 경우가 허다하다. 이는 기제가 자주 있는 것이 아니고 제사를 통하여 자손들이 동질감을 회복하는 계기가 되므로 기제는 새벽에 지내는 것이 도리인 것 같다.

산신제 모습

V. 기제사 참사자(忌祭祀 參祀者)

기제사는 고인이 별세한 날을 매년(每年) 추모하는 의식으로 순수한 가족적인 행사라고 볼 수 있다. 또 기제사의 참석범위는 제한된 규칙이 없다. 다만 고인의 직계자손(直系子孫), 근친 또는 고인과 친분이 두텁던 분들도 제사에 참여할 수 있다.

특히 고인의 직계자손이 사정으로 인하여 제사에 참석할 수 없으면 집안에 사정을 알리고 제사(祭祀) 지내는 시간쯤에 제사지내는 쪽으로 향(向)하여 망배(望拜)를 하거나 묵념(默念)를 해야 한다.

참사자는 복장을 단정히 하고 패물을 제거하고 화장을 지운후 기제에 참석한다. 기제사시 빨래줄이나 방줄을 걷는데 속설에는 빨래줄이나 방줄이 있으면 귀신이 들어오지 못한다는 말이 있으나 청소하는 의미 외에는 별다른 뜻은 없는 것 같다.

VI. 제사(祭祀)의 수칙(守則)

제사를 잘 봉행하는 것은 자손의 도리이다. 그러므로 훌륭

한 제기를 마련하고 성대한 제수를 차리고 절차와 법도에 오차가 없이 숙달된 지식이 필요하다.

그러나 가장 중요한 것은 간소한 준비일지라도 지극한 정성을 들여야 하는 것이다. 지극한 정성을 위하여 몇가지 수칙이 요구된다.

1. 마음의 재계

제사에 들어가기 전에 일체의 부정한 일을 멀리하고 심신을 정결하게 하며 바르게 앉아 돌아가신 이를 생각하는 자세가 필요하다.

2. 올바른 예법(禮法)의 숙지

제사(祭祀)는 예법에 맞게 진행되어야 한다.

가가례(家家禮)라 하여 집집마다 제사 관습에 약간의 차이는 있으나 제사의 근본절차와 원칙은 일치하는 관계로 올바른 예법 습득이 중요하며 제사 주관자는 정확성을 기해야 한다. 또 차례의 순서나 제상의 진설 등은 예법에 맞게 진행하는 것이 중요하며 제사 주관자가 정확하게 예법을 습득하지 못하였다면 그 절차를 메모해 두었다가 그것을 보면서 해도 무방하다. 숙달된 것보다는 부족하지만 보면서 숙지하여도 실례는 아닌 것이다.

3. 제사의 준비는 정결하게

제사에 참여하는 후손들은 정결하게 준비하고 제수의 마련

안동 권씨 권 태사(권 행)의 시제 상차림

쉽게풀어쓴상례와제례

안동 권씨 권 태사(권 행)의 시제를 지내는 모습

과 조리는 세심한 청결이 요구된다.

4. 제수 준비는 검소하게

제수를 준비할 때는 인색하지 않게 해야 하지만 집안의 가세에 맞게 준비하는 것이 좋다.

예전에는 제사 후 신(神)이 남긴 음식이라 하여 하룻밤을 재우지 않는 관계로 이웃을 초대하여 나누어 먹었으나 최근에는 가족들만 모이기 때문에 과다하게 음식을 준비할 필요가 없다

Ⅶ. 제구(祭具)와 제기(祭器)의 마련

제사의 주재자는 입제일에 제사 장소 주변을 청소하고 제구와 제기를 내어 와 깨끗이 닦고 정비하고 제수(祭需)를 준비한다.

1. 제구(祭具)의 준비

제구는 제례를 올리는데 필요한 기구를 총칭하는 것으로 제례에 사용되는 제구는 제례 외에는 사용하지 않는 것이 좋으며 제구는 다음과 같다.

ㅇ앙장(仰帳) : 제의장소(祭衣場所)의 천장에 치는 포장이

제사지내기 전에 제기들을 점검하는 모습

다. 노천제의 때는 차일(遮日)을 대신 치지만 근자에 와서는 노천제의 때만 차일을 사용한다.

○ **위패함**(位牌函) : 조상의 위패를 모시거나 붙이는 장치이다.

○ **병풍**(屛風) : 제사지낼 장소의 뒤와 옆을 둘러치며 현란한 그림과 경사 잔치와 관계되는 내용의 글씨는 피한다.

○ **교의**(交椅) : 신주나 위패를 봉안하는 의자로서 현대에 와서는 신주나 위패를 제상 위에 봉안하고 있으므로 준비하지 않아도 무방하다.

○ **신위판**(神位板) : 제사시 지방(紙榜)을 붙여 놓을 비품이다. 신위판은 신주를 대신하는 것이므로 신주 형태로 제작하여 의자나 제상에 세워 놓는다. 현재 시중에서 제작하여 판매한다.

○ **제상**(祭牀) : 제사음식을 차리는 상으로 예전에는 다리를 매우높게 하여 특별히 제작하였지만 현대에 와서는 일반 교

자상으로 준비한다

o **향안**(香案) : 향로와 향합, 모사그릇을 올려놓는 작은 상(狀).

o **주가**(酒架) : 주전자, 현주병, 퇴주기 등을 올려놓는 작은 상(狀).

o **소탁**(小卓) : 축판을 올려 놓고 신위를 봉안하기 전에 임시로 모시는 작은 상으로 현대에 와서는 많이 사용되지 않고 있다.

o **소반**(小盤) : 제사 음식을 진설하기 위하여 옮길 때 사용한다.

o **촛대**(燭臺) : 제상에 촛불을 밝히기 위한 도구로 좌우 한 쌍을 준비한다

o **향로**(香爐) : 향을 사르는 기구로 향을 사르는 것은 강신 때 양지(陽地·하늘)에 있는 신(魂·혼)을 부르기 위한 의식이다.

o **향합**(香盒) : 향을 담아 놓는 그릇이다

o **모사기**(茅沙器) : 모래와 띠 묶음을 담은 그릇이다. 강신 때 뇌주를 여기에 붓는다. 이는 음지(땅)에 있는 신(魄·백)을 부르는 의식이다. 모사기에 깨끗한 모래를 담고 띠 한 움큼을 잘라 붉은 실로 묶어서 모래에 꽂는다. 이것이 땅바닥을 상징하는 것이며 묘지에서의 제사는 땅에다 바로 뇌주를 붓게 되므로 모사기를 쓰지 않는다.

o **축판**(祝板) : 축문을 끼워놓는 뚜껑이 있는 판이며 최근에는 흰 봉투를 이용하는 경우가 많은데 없어도 무방하다

o **돗자리** : 실내에서 지낼 때는 하나면 되지만 묘제에서는 바닥에 깔 만큼 준비해야 한다.

o 지필묵연함 : 축문을 쓰거나 지방을 쓰기 위한 한지, 붓, 먹, 벼루 등을 담아 두는 함이다.

o 시접(匙楪) : 수저를 올려놓는 제기로 대접과 모양이 비슷하다.

o 탕기(湯器) : 탕과 국을 담는 제기로 여러 모양의 것이 있다.

o 두(豆) : 김치와 젓갈을 담는 그릇으로 굽이 높고 사각형이다.

o 떡그릇 : 떡을 담는 제기로 윗판이 사각형이다.

o 준항(樽缸) : 술을 담는 항아리.

o 준작(樽勺) : 주기(酒器)로서 사기나 구리로 만든다. 꼭지가 있고 굽이 있는 것을 이(彝)라 하며 소모양의 희준(犧樽), 코끼리모양의 상준(象樽) 등이 있으며 술을 따르는데 사용된다.

o 변(籩) : 실과, 건육을 담는 제기로 받침을 높게 하여 대나무로 엮어서 만들었다.

o 조(俎) : 고기를 담는 도마 모양의 제기로 받침이 달려 있다.

Ⅷ. 제수의 준비와 제상 차리는 법

주부는 제사에 사용될 그릇을 깨끗이 씻고 제수를 장만한다. 제사를 지내기 전에는 제상에 올릴 제수를 먹어서는 안되며 마련된 제수는 큰상 위에 올려놓고 식어서는 안될 밥, 국, 탕 등은 제상에 올리기 직전에 그릇에 담는다.

ㅇ밥(飯) : 메라고 한다. 제삿밥으로 신위의 수 대로 주발 식기에 수북이 담고 뚜껑을 덮는다.

ㅇ국(羹) : 제사 국이다. 신위의 수 대로 대접 또는 주발에 담고 뚜껑을 덮는다.

재료는 쇠고기와 무를 네모로 납작하게 썰어서 함께 끓인다. 고추가루, 마늘, 파 등을 쓰지 않는다.

ㅇ떡 : 떡은 제물(祭物) 중 가장 기본적인 것으로 속담에도 떡과 귀신을 연관시킨 것이 있는데 '떡본김에 제사지낸다' '굿이나 보고 떡이나 먹는다' 는 말이 있다. 제사에 쓰는 떡은 현란한 색깔을 피하므로 팥고물을 쓸때도 껍질을 벗겨내 가급적이면 흰 빛깔이 되게 한다. 보통은 백설기나 시루떡을 해서 사각의 접시에 보기 좋게 놓고 신위의 수와 관계없이 한 그릇만 올리기도 한다. 떡을 올릴 때 떡을 찍어서 먹을 꿀이나 조청을 한 종지 올린다.

ㅇ탕(湯) : 탕의 재료는 쇠고기, 생선, 닭고기 등을 사용하며 탕의 수를 1, 3, 5의 양수로 하였다. 3탕일 경우에는 육탕, 어탕, 계탕을 준비하는데 건더기만 탕기에 담는다.

ㅇ전(煎) : 기름에 튀기거나 부친 것으로 육전(肉煎)과 어전(魚煎) 두 종류를 준비한다.

ㅇ적(炙) : 구이로서 제수 중 특별식에 속한다. 예전에는 육적, 어적, 계적 등 4적을 올렸으나 현대에는 한 가지만 올린다.

ㅇ나물(숙채 : 熟菜) : 익힌 채소로 고사리, 무, 배추나물 등 3색(흰색, 갈색, 푸른색) 나물을 올린다. 추석 때는 배추, 박, 오이, 호박도 푸른색 나물로 쓰는데 고추가루와 마늘을 양념으로 쓰지 않는다(고추가루와 마늘을 양념으로 쓰지 않는 것은 고추가루(붉은색은 잡귀를 쫓는데 쓰임)와 마늘(냄새)은 조상(祖上)의

강신(降神)을 방해하기 때문에 쓰지 않는다).

o 김치(침채 : 沈菜) : 희게 담는 나박김치를 보시기에 담아서 쓴다. 고추가루를 쓰지 않은 것으로 한다.

o 간장(醬 : 청장) : 맑은 간장을 한 종지 담는다

o 과일류 : 전통적으로 제사에 쓰는 과일은 대추, 밤, 감(홍시 또는 곶감), 배이다. 이것들은 반드시 준비하고 그밖의 계절에 따라서 나는 사과, 수박, 참외, 귤도 준비한다. 옛날에는 과일을 지산(地産)이라 하여 그릇 수를 음수인 짝수로 하였다. 과일 중 복숭아는 제상에 올리지 않는다. 이는 옛부터 굿을 할 때 동쪽으로 뻗은 복숭아가지〔동도지(東桃枝)〕를 이용하여 귀신을 쫓는데 사용 하였기 때문에 제상에 복숭아를 올리면 조상의 강신을 방해하기 때문이다.

o 포(脯) : 고기를 말린 육포, 생선의 껍질을 벗겨서 말린 것, 문어나 마른 오징어 중에서 한 두 종류 사각의 접시에 한 그릇만 담는다. 생선포 중 북어포를 가장 많이 사용하는데 이는 귀신이 안주로 사용하기 위하여 가져가기 편하다고 하여 올리는 것으로 주술적인 요소가 강하다. 적(炙)이나 생(生) 것에 비해 하위의 제물(祭物)이다.

o 생선 : 생선 중에서 치자가 들어 있는 갈치, 꽁치, 삼치와 비늘이 없는 생선 등은 제물로 쓰지 않는다. 그러나 『예서(禮書)』에 이런 내용이 없어 신선한 생선이면 올려도 무방할 것 같다.

- 제수로서 금기시하여 젯상에 올리지 않는 것이 있다. 소와 돼지의 족(足) 부위는 불경하다고 생각하여 쓰지 않았고, 홍어는 즐겨 먹는 생선인데도 홍어 모양새가 음을 상징한다 하여 젯상에

표준 제사상 차림

올리는 것을 금하였으며, 광어는 눈이 한쪽으로 몰렸다고 불효의 고기라 해서 쓰지 않았다. 개(犬)는 고대에는 희생의 제물로 썼는데 정든 개는 잡아먹지 않는다 하여 제사에 쓰이지 않는다.

IX. 제수 진설(祭需陳設)

제사 상차림이란 마련된 제기와 제수를 젯상에 격식을 갖추어 배열하는 것을 말한다. 이를 제수 진설법(祭需陳設法)이라 한다.

기제에는 양위(兩位)가 구몰(俱沒)하였을 경우에는 합설(合設)을 원칙으로 한다. 각설(各設)할 경우 모든 제사 음식을 신위의 수대로 담아야 한다.

　　제관은 신위(神位)를 향하여 우(右)가 동(東)이고 좌(左)는 서(西)이며 뒷면이 남(南)이고 전면(前面)이 북(北)이 된다.

　　사자(死者)는 생자(生者)와는 반대이다. 산 사람은 우측, 즉 동쪽이 상(上)이며 죽은 자는 서쪽이 상이니 고위(考位)가 서상(西上)에 좌정(座定)하고 비위(姓位)가 동하(東下)에 좌정한 것으로 보고 진설(陳設)한다.

　　진설(陳設)에 대해 옛부터 가가례(家家禮)라 하여 집집마다 다르고 속담에도 남의 집 제사에 감 놓아라 대추 놓아라 한다는 말이 있듯이 지방(地方)과 가문(家門)에 따라 차이가 있다.

　　단 공통된 점으로는

○ 시접거중(匙楪居中) : 수저를 담은 그릇은 신위의 앞 중앙에 놓는다.

○ 잔서초동(殘西醋東) : 술잔은 서쪽에 놓고 초첩은 동쪽에 놓는다.

○ 조율이시(棗栗梨柿) : 제상전면(祭上前面)의 서(西)로부터 동(東)으로 대추, 밤, 배, 감의 기본 4과(四果)를 진설한다.

○ 어동육서(漁東肉西) : 육지(陸地)에 나는 것은 높게 쳐서 먼저 놓고〔上而先〕 해산물(海産物)은 낮게 쳐서 다음에 놓기〔下而次〕 때문에 어류(魚類)는 동쪽에 육류(肉類)는 서쪽에 진설〔생선은 오른쪽, 고기는 왼쪽〕한다.

○ 생동숙서(生東熟西) : 날것은 음(陰)에 속하고, 익힌것은 양(陽)에 속하므로 생(生)것은 동쪽에〔오른쪽〕, 익힌것은 서쪽에 진설〔왼쪽〕한다. 곧 생채(生菜)는 음(陰)이므로 오

른쪽에 놓고, 숙채(熟菜)는 양(陽)이므로 왼쪽에 놓는다. 익힌 것 가운데도 음양을 나누는데 콩나물은 습(濕)하기 때문에 오른쪽에 놓고 지짐〔燥〕 조리하기 때문에 왼쪽에 놓고, 면(麵)은 습음(濕陰)하므로 오른쪽에 놓고, 떡(餠)은 조양(燥陽)하므로 왼쪽에 놓는다.

○ 반서갱동(飯西羹東) : 밥은 왼쪽, 국은 오른쪽〔숟가락과 젓가락은 중앙〕에 놓으며 산 사람의 상차림과 반대(反對)이다.

○ 좌포우혜(左脯右醯) : 진 것은 음(陰)에 속하므로 오른쪽에, 마른 것은 양(陽)에 속하므로 포(脯)는 좌측에 식혜는 우측(포는 왼쪽, 식혜는 오른쪽)에 놓는다.

○ 두동미서(頭東尾西) : 생선의 머리는 동쪽으로 꼬리는 서쪽(머리는 오른쪽, 꼬리는 서쪽)에 놓는다.

○ 고서비동(考西妣東) : 고위(考位) 즉, 남자조상은 서쪽, 비위(妣位) 즉, 여자조상은 동쪽이라는 뜻이다. 고위의 신위, 밥, 국, 술잔은 왼쪽에 놓으며 비위는 오른쪽에 놓는다.

○ 적전중앙(炙奠中央) : 적은 젯상의 중앙인 3열에 놓는다.

○ 이세위상(以細爲上) : 오른쪽에 잔 것을 놓고 그 크기 순서로 점점 서쪽으로 놓는다

○ 가주시포(賈酒市脯), **불가제용**(不可祭用) : 시중 가게에서 사는 음식은 정갈하지 못하므로 만들어 파는 제수는 삼가해야 한다.

○ 홍동백서(紅東白西) : 붉은 과일은 동쪽, 흰 과일은 서쪽에 놓는 것이 원칙이나 실제 제사에서는 이 원칙이 지켜지는 것은 아니다.

○ 동조서율(東棗西栗) : 대추는 동쪽에 놓고 밤은 서쪽에 놓는다

X. 진설법(陳設法)

1. 진설법(陳設法)

『예서(禮書)』에는 제수를 진열하는 것이 4열로 되어 있으나 대부분 탕을 일렬로 진설하여 5열로 배열한다.

ㅇ 1열은 과실(果實)과 조과(造果)의 줄이다. 과실로는 기본 4 과(四果 : 대추, 밤, 배, 감)인 목과를 좌에서 우로 차례로 진 설하고 기본 4과 외에 목과(木果), 만과(蔓果), 초과(草果) 의 순으로 진설한다.

- 목과는 기본 4과 외에 은행 등 나무에 달려있는 과실이다. 만과는 포도, 토마토 등 줄기에 달려 있는 과실이다. 초과 는 딸기, 참외, 수박 등 땅위에 붙은 과실이다. 조과(造果) 는 손으로 만든 과자류를 말하는데 유과(油果), 전과, 약 과, 엿 등이 있으며 조과의 으뜸은 유과로서 제일 먼저 진 설한다.

- 과실은 식물로 땅에서 성장하여 음(陰)에 속하는 관계로 제수는 짝수로 진설한다.

- 제사상에 오르는 기본 4과인 조(대추), 율(밤), 이(배), 시(감)의 과일에 담긴 뜻은 대추는 씨가 하나로 임금을 뜻하기도 하고 또는 후손의 번창함과 풍요로움을 뜻하기 도 한다. 밤은 세 톨로 삼 정승을 뜻하기도 하고 생명의 원천을 뜻하기도 한다. 감은 여섯 개로 6조관료를 뜻하기

도 하며 감이란 고염나무에서 접을 통하여만 감나무가 되기 때문에 교육을 뜻하기도 한다. 배와 사과는 여덟 개로 8도 관찰사를 뜻하기도 한다.

○ 2열은 채수(菜需)줄로서 숙채〔熟菜 : 가채(家菜)인 콩나물과 산채(山菜)인 고사리와 해채(海菜)인 미역 등〕3채(三菜)와 간장 생채(生菜 : 물김치) 두부적(炙) 달걀 식혜 등을 놓는다. 채수는 가채보다는 산채를 중히 여기므로 산채를 가채의 좌측에 놓는다.

○ 3열은 탕(湯)줄로서 3탕(三湯)은 육탕(肉湯), 어탕(魚湯), 소탕(蔬湯)을 진설한다.

○ 4열은 도적(屠炙)줄로서 고기〔쇠고기, 돼지고기, 닭고기〕와 생선(生鮮 : 고기의 등이 제관 쪽으로 오게 함)은 인모우(鱗毛羽 : 비늘, 털, 날개)의 차례로 고기포, 육적, 어적, 소적을 올린다. 육(肉)은 양(陽)에 속하므로 제수는 홀수로 나간다. 바다는 음(陰)인 관계로 좌육우어(左肉右魚)이다.

○ 5열은 반갱병면(飯羹餠麵)줄이며 4열과 5열 사이에 수저와 술잔 등을 놓는다.

상(床)에 제수(祭需)를 차려 올리는 순서는 과일, 조과, 포혜, 소채, 술잔, 어육, 반갱, 수저, 탕, 적육의 차례로 상에 올린다.

ⅩⅠ. 지방(紙榜)

지방은 신주가 없을 때 임시로 만드는 고인(故人)의 신위
(神位)를 표시(表示)하는 것이다.

제사를 지낼 때 신주(神主)가 있으면 신주를 감실에서 모셔내
다가 교의에 모시는 것이나 신주가 없을 때에는 지방(紙榜)을
써서 교의에 붙인다.

지방 글씨는 붓글씨로 쓰되 해서체(楷書體)로 쓴다.

지방 글씨는 대개 가로 7Cm, 세로 21Cm인데 백지를 접어
서 앞면에 쓰기도 하고, 백지를 지방 크기로 끊어서 한 장에
한 위(位)씩 쓰기도 한다.

지방을 쓸 때에는 고위(考位)를 나란히 쓰며, 고위는 오른쪽
에, 비위는 왼쪽에 쓴다.

고(考)는 부(父)와 같은 뜻으로 생시(生時)에는 부(父)라 하
고 사후(死後)에는 고(考)라 한다.

비(妣)는 모(母)와 같은 뜻으로 생시(生時)에는 모(母)라
하고 사후에는 비(妣)라 한다. 고인이 벼슬을 하였으면 관직
(官職)을 쓰고 없으면 학생(學生)이라 쓴다.

부인(婦人)에게도 봉호(封號)가 있으면 쓰고 없으면 유인
(孺人)이라 쓴다.

Ⅰ. 지방서식(紙榜書式)

백지를 접어서 만든 지방 [서식 ①]

〈뒷면〉　　　　　　　　〈앞면〉

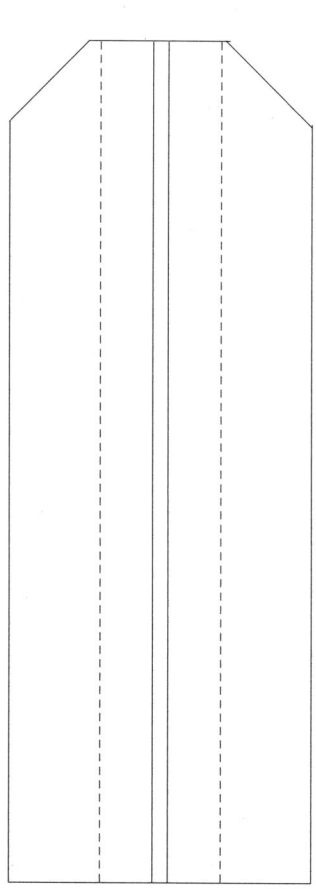

顯妣孺人全州李氏神位
顯考學生府君神位

백지를 접어서 만든 지방 [서식 ②]

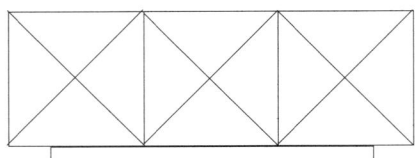

顯祖妣孺人密陽朴氏神位

顯祖考學生府君神位

쉽게풀어쓴상례와제례

백지를 끊어서 쓰는 지방 [서식 ③]

顯考學生府君神位

顯妣孺人金海金氏神位

백지를 끊어서 쓰는 지방 [서식 ④]
〈배위가 두 분 이상인 경우〉

顯曾祖考學生府君神位

顯曾祖妣孺人密陽朴氏神位

顯曾祖妣孺人金海金氏神位

배위(配位)가 두 분이나 세 분일 경우에는 첫 배위(配位)를 고위(考位) 옆 오른쪽에 쓰고, 순차로 왼쪽으로 써간다.
　제상을 진설할 때도 고위는 오른쪽, 비위(妣位)는 왼쪽에 놓으며, 배위의 순차로 오른쪽에서 왼쪽으로 놓아간다.

顯曾祖妣孺人金海金氏神位
顯曾祖考學生府君神位

◆ 증조할아버지·증조할머니의 지방

顯高祖妣孺人安東金氏神位
顯高祖考學生府君神位

◆ 고조할아버지·고조할머니의 지방

◆ 할아버지와
   할머니의 지방

◆ 아버지와
   어머니의 지방

顯祖姚孺人淳昌薛氏神位

顯祖考學生府君神位

顯姚孺人全州李氏神位

顯考學生府君神位

顯兄嫂孺人密陽朴氏神位

顯兄學生府君神位

顯伯母孺人文化柳氏神位

顯伯父學生府君神位

◆ 작은아버지와
　작은머니의 지방

◆ 남편의 지방

顯叔母孺人光山金氏神位
顯叔父學生府君神位

顯辟學生府君神位

◆ 아내의 지방

故室孺人全州崔氏神位

亡室孺人東來鄭氏神位

동생과 아들의 지방을 쓸 때 '學生' 대신 '自士' 또는 '秀才'라고도 쓴다.

◆ 동생의 지방
　　〈○○는 이름〉

◆ 아들의 지방
　　〈○○는 이름〉

亡弟學生○○神位

亡子學生○○神位

고위(考位)의 '學生'은 관직이 없는 사람에 대해 쓰고 관직이 있으면 '學生'을 쓰지 않고 벼슬 이름을 쓰며, 비위(妣位)는 '孺人(유인)'을 쓰지 않고 고위(考位)의 벼슬에 따라서 봉(封)한 명칭을 쓴다.

정1품 숭록대부(崇祿大夫), 종1품 숭정대부(崇政大夫)의 비위는 '부부인(府夫人)·정경부인(貞敬夫人)'에 봉한다.

정2품 정헌대부(正憲大夫)·자헌대부(資憲大夫), 종2품 가의대부(嘉義大夫)·가선대부(嘉善大夫)의 비위는 '정부인(貞夫人)'.

정3품 당상관(堂上官)·통정대부(通政大夫)의 비위는 '숙부인(淑夫人)'.

정3품 당하관(堂下官)·통훈대부(通訓大夫), 종3품 중직대부(中直大夫)·중훈대부(中訓大夫)의 비위는 '숙인(叔人)'.

정4품 봉정대부(奉正大夫)·봉열대부(奉列大夫), 종4품 조산대부(朝散大夫)·조봉대부(朝奉大夫)의 비위는 '영인(令人)'.

정5품 통덕랑(通德郎)·통선랑(通善郎), 종5품 봉직랑(奉直郎)·봉훈랑(奉訓郎)의 비위는 '공인(恭人)'.

정6품 승훈랑(承訓郎)·종순랑(從順郎), 종6품 선교랑(宣敎郎)·선무랑(宣務郎)의 비위는 '의인(宜人)'.

고위(考位)가 통정대부(通政大夫)인 증조부의 지방은 다음
과 같이 쓴다.

顯曾祖妣淑夫人安東金氏神位
顯曾祖考通政大夫府君神位

2. 축문(祝文)

축문은 신위(神位) 앞에 고(告)하는 글이며 내용은 세월이

흘러 휘일(諱日)을 맞아 추모(追慕)의 정(情)이 간절하여 제
수를 올리니 흠향(歆饗)하시라는 뜻이 담긴 글이다.

축(祝)을 쓰는 요령(要領)

① 할아버지 기제(忌祭) 축

維歲次○○ ○月○○朔 ○日○○

孝孫 ○○ 敢昭告于

顯祖考學生府君

顯祖妣孺人○○○氏 歲序遷易

顯祖考學生 諱日復臨 追遠感時 不勝永

慕

謹以淸酌庶羞 恭伸奠獻 尙

饗

●해설 : 해가 바뀌어 할아버지의 제일이 다시 돌아오니
사모하는 마음 이기지 못해 삼가 술과 약소한 제수를
올리오니 흠향하소서.

할머니 제사에는 '세서천역 顯祖妣孺人 휘일부림…'이라 쓴다.

벼슬이 있으면 지방과 같이 '학생'과 '유인'을 쓰지 않고 벼슬 이름과 봉한 명칭을 쓴다.

증조할아버지는 '孝曾孫○○…' '顯曾祖考…' '顯曾祖妣…' 이라 하고, 고조할아버지는 '孝玄孫○○…' '顯高祖考…' '顯高祖妣…' 이라 한다.

② 아버지 기제(忌祭) 축

維歲次○○ ○月○○朔 ○日○○
孝子○○ 敢昭告于
顯考學生府君
顯妣孺人○○○氏 歲時遷易
顯考學生 諱日復臨 追遠感時 昊天罔極
謹以淸酌庶羞 恭伸奠獻 尙
饗

어머니의 제사 때에는 '세시천역 顯妣孺人 휘일부림…'이라 한다.

호천망극(昊天罔極)이란 은혜가 하늘과 같이 크고 넓어서 다할 수 없다는 뜻이다.

③ 남편의 기제(忌祭) 축

날짜와 일진 밑에 '主婦○○(이름) 敢昭告于 顯辟學生府君…' '추원감시 不勝感愴 근이청작…'이라 한다.

불승감창이란 슬픈 마음을 이기지 못한다는 뜻이다.

④ 아내의 기제(忌祭) 축

維歲次○○ ○月○○朔 ○日○○
夫○○(이름)敢昭告于
亡室孺人○○○氏 歲時遷易 亡日復至 追遠感時
不自勝感 茲以淸酌庶羞 伸此奠儀 尙
饗

불자승감(不自勝感)이란 '스스로 많은 느낌을 이기지 못하여'라는 뜻이다.

⑤ 형의 기제(忌祭) 축

「……弟 ○○(이름) 敢昭告于 顯兄學生府君 歲序遷易 諱日 復臨 情何悲痛 謹以清酌庶羞 恭伸奠獻 尙 饗」

정하비통(情何悲痛)은 슬프고 아픈 정을 어찌할 바 모른다는 뜻이다.

⑥ 동생의 기제(忌祭) 축

「……兄 告于 亡弟○○(이름) 歲序遷易 亡日復至 情何可處 玆以清酌 陳此奠儀 尙 饗」

정하가처(情何可處)는 정을 어디에 비길 바 없어의 뜻.

⑦ 아들의 기제(忌祭) 축

「……父 告于 歲序遷易 亡日復至 心毁悲念 玆以清酌 陳此 奠儀 尙 饗」

심훼비념(心毁悲念)은 슬픈 생각에 마음이 불타는 것 같다는 뜻이다.

3. 기제(忌祭)의 행사(行事)

돌아가신 날의 제의라는 뜻으로 기일제사를 줄여 기제라 한다. 밤 12시 정각(定刻)에 참사자(參事者 : 제사에 참석한 사람)는 세면을 하고 제복을 갖추고 방을 청소한 다음 제상(祭床)을 차리고 촉대를 얹어 거촉(擧燭)을 하고 향안(香案)에 향로, 향합, 모사기(茅沙器)에 모사 등을 준비하고 소반상에 술잔, 술(酒), 적(炙) 등을 준비한다.

주제자(主祭者) 이하 참제자들이 문하(門下)에 서립(序立)한 가운데 장찬자(掌饌者)가 제수(祭需)를 과실, 조과 순으로 반(盤)에 얹어오면 집사자가 진설하고 끝으로 지방(紙榜)을 봉안하면 제사를 시작한다.

기제의 절차

o 재계(齋戒) : 기제일이 되면 전날부터 기제에 참례할 사람들은 몸을 깨끗이 하고 근신하며 조상을 기린다.

o 여소정침(濾掃正寢) : 기제지낼 장소를 깨끗하게 쓸고 닦는다.

o 제주수축(題主修祝) : 신주가 없으면 지방을 쓰고 축문을 쓴다.

o 설위진기(設位陳器) : 제의기구를 배설한다.

o 척기구찬(滌器具饌) : 제기그릇을 깨끗이 씻는다.

o 변복서립(變服序立) : 제사지낼 시간이 되면 참례자들은 예복으로 바꾸어 입고 손을 씻은 다음 정해진 자리에 선다.

o 점촉(點燭) : 초에 불을 켠다

o 설 소과주찬(設蔬果酒饌) : 식어도 상관없는 제수를 진설 순서에 따라 차린다

o 봉주취위(奉主就位) : 신주나 지방을 정해진 자리에 모신다

기제사의 차례(次例)

o 강신(降神) : 강신이란 신위께서 강림하시기를 청하는 절차로 제주가 신위 앞에 나가 꿇어앉아 삼상향(三上香)하고 술잔을 잡고 술을 받아 흔작(釁爵)하여 모사에 삼제주하고 술잔을 소반상에 놓고 일어나 문하에 물러나와 재배하고 제자

리에 선다. 제상 앞에 향을 피우고 모사에 술을 따르는 것은 영혼이 강림하시기를 청하는 뜻이다.

o 참신(參神) : 참사자(제사에 참가한 사람들) 모두가 문하에 재배하며 참신은 신위를 배알(拜謁)하는 절차이다. 신주를 모시고 올릴 때는 참신을 먼저하고 지방인 경우에는 강신을 먼저한다. 이는 신주는 혼이 항상 하고 있기 때문에 영혼을 맞이하는 참신이 우선이고 지방일 경우에는 혼이 강림하기를 청하기 위하여 강신을 먼저한다.

o 초헌(初獻) : 첫 술잔을 드리는 절차이다.
제주가 신위 앞에 나아가 끓어앉아 고위작을 잡고 사준으로부터 술을 받아 좌집사에게 주면 좌집사는 술잔을 받아 받들고 있고 제주가 다시 비위작을 잡고 사준으로부터 술을 받아 우집사에게 주면 우집사가 술을 받아 좌우집사가 함께 신위 앞에 똑같이 술잔을 올린다. 이때 제주는 고개를 숙인다.
양 집사는 계반개를 하고 우집사가 적육(炙肉) 한 점을 올리고 정저를 하면 축이 제주의 우측에 나아가 끓어앉아 독축(讀祝)을 한다. 독홀하면 제주는 일어나 문하에 물러나가 재배하고 제자리에 선다

o 아헌(亞獻) : 두 번째 술잔을 올리는 절차로 아헌은 주부(주제자의 부인)가 한다.
형편에 따라서 동생이나 근친이 한다.
주부가 신위 앞에 나아가 끓어앉고 좌우 집사는 퇴작하여 퇴주하고 술잔을 소반상에 없는다. 주부가 고위작을 잡고 사

준으로부터 술을 받아 좌집사에게 주면 좌집사는 이를 받아
받들고 있고 주부가 다시 비위작을 잡고 사준으로부터 술을
받아 우집사에게 주면 우집사가 술을 받아 좌우집사가 향로
위에 술잔을 왼쪽으로 세 번 돌린 다음 신위 앞에 술잔을 올
린다. 이때 주부는 고개를 숙인다.

　우집사가 적육 한 점을 올리고 정저를 하면 주부는 일어나
서 뒤로 물러나 4배 하고 제자리에 서는데 남자일 경우에는
재배한다.

- 제사에서 절을 하는 횟수는 남자는 재배, 여자는 4배를 한다. 이
　는 남녀를 차별하는 것이 아니라 음양의 원리에 의해 양의 수는
　1, 음의 수는 2로 간주하고 산 사람에게는 양의 도를 따르기 때
　문에 한 번씩만 절하고, 죽은 사람에게는 음의 도를 따르기 때문
　에 두 번씩 절한다. 그러므로 여자는 음의 도에 속하기 때문에
　두번씩 두번 절하는 것이다.

○ 종헌(終獻) : 세 번째 술잔을 올리는 절차로 친인척 중에서
남녀를 불문하고 한 사람을 정한다.

　종헌자가 신위 앞에 나아가 꿇어앉으면 좌우집사가 퇴작하
여 퇴주(退酒)하고 술잔을 소반상 위에 얹는다, 종헌자가 고
위작을 잡고 사준으로부터 술을 받아 좌집사에게 주면 좌집
사는 이를 받아 받들고 있고 종헌자가 다시 비위작을 잡아
사준으로부터 술을 받아 우집사에게 주면 우집사가 술을 받
아 좌우 집사가 함께 신위 앞에 똑같이 술을 올린다. 이때
종헌자는 고개를 숙인다.

　우집사가 적육 한 점을 올리고 정저를 하면 종헌자는 일어

나 뒤로 물러나서 재배하고 제자리에 선다.

ㅇ **첨작**(添酌) : 술잔에 술을 가득 채우는 절차이다.

　주제자가 신위 앞에 나아가 꿇어앉으면 좌집사가 따로 다른 술잔을 준다. 사준에게 술을 받아 다시 좌집사에게 준다. 좌집사는 이 술을 고위작에 세 번 잔줄러 가득 채우고 이 술을 우집사에게 넘겨주면 우집사는 이를 받아 비위작에 잔줄러 가득 채운다. 그리고는 양집사는 반상에 상시를 하고 정저를 한다. 제주는 문하에 물러나와 재배를 하고 제자리에 선다.

ㅇ **유식**(侑食) : 식사를 하는 절차로 제주의 첨작 재배가 끝나면 집사자 모두가 방에서 나오고 합문(闔門)을 한다.

ㅇ **합문**(闔門) : 귀신이 안심하고 밥을 드시도록 제사에 참여한 사람들이 잠시 피하는 의식으로 참사자 모두가 대청이나 바깥에서 꿇어앉아 흠향 하시기를 기다리고 구반경(밥 9술 먹는 시간) 정도를 기다린다〔밖에 나와 기다리는 이유는 조상이 식사하는데 쳐다보는 것은 결례라고 생각해서 자리를 비켜 드린다〕.

ㅇ **계문**(啓門) : 합문하였던 문을 여는 의식으로 축관(祝官)은 삼희흠(세번 기침)하고 계문한다〔기침을 하는 것은 계문(물을 열다)하겠다는 것을 조상에게 미리 알리는 것이다〕.

ㅇ **점다**(點茶) : 숙냉을 드리는 절차이다.

　장찬자가 쟁반에 숙냉 두 그릇을 가지고 젯상 앞 정면에 서면 집사자가 갱그릇을 물려 쟁반에 얹고 숙냉그릇을 내려 신위전에 드리고 밥을 각각 세 숟갈씩 떠서 숙냉에 말고 숟가락을 걸쳐 놓는다(숟가락을 걸칠 때 손잡이가 서로 가게 한다).

○ 숙사소경(肅俟小頃) : 잠시동안 서립하여 기다린다.

○ 고이성(告利成) : 잠시후 축이 서(西)에 서고 제주는 동(東)에 서서 마주보고 선다. 제주를 향해 축이 읍을 하고 소리내어 '이성'이라고 고한다.
　축이 이성을 고한 후에 집사는 숟가락을 거두어 얹고 저(젓가락)를 모아두고 합반개하고 물러 나온다.

○ 사신(辭神) : 신위에 물러난다고 고하는 절차이다. 참제자 모두가 재배한다.

○ 분지위 분축(焚紙位 焚祝) : 사신하고 난 뒤 제주와 축관, 집사자가 함께 방에 들어가 젯 상 앞에 꿇어앉아 분지위와 분축을 하고 집사가 퇴작을 하는 데 고위작은 제주에게 주어 음주케 하고 비위작은 퇴주하고 물러 나온다.

○ 철찬(撤饌) : 제수를 물리는 절차이다. 집사자가 숙냉그릇과 밥그릇을 먼저 물리고 난 뒤 안쪽에서 차례 차례로 제수를 물린다.

○ 음복(飮福) : 제사지낸 음식으로 참사자 전원이 골고루 음

복한다. 이는 제사를 지낸 사람이 신(神)으로부터 반대급부로 복(福)을 내려받는 절차이다.

ㅇ 준(樽) : 제사에 참가한 사람들이 제사가 끝난 후 음식을 나누어 먹는 것을 말한다.

기제사 유의사항

기제사는 제사의 시작부터 마칠 때까지 대문을 열어 놓아야 하며 참사자는 철상 완료시까지 자리를 떠나서는 안된다.

제사나 묘제에서 진설 때는 앞줄부터 차례로 안쪽으로 진설하고 철상 때는 안줄에서 차례로 바깥으로 철상한다.

ⅩⅡ. 차례(茶禮)

1. 연시고유(年始告由)

정월 초하룻날 아침에 조상에게 세배드리는 절차이다. 따라서 제사가 아니고 고유이다. 고유방법은 여러 선대를 병제하는 것과 각대 각제하는 방법이 있다.

정초에는 우리 고유의 풍속으로 떡을 끓여 먹으므로 메 대신 떡국으로 행사한다. 그리고 헌작은 단헌으로 무축이다.

2. 추석고유(秋夕告由)

추석은 설날과 더불어 큰 명절로 '한가위' '가위날' '중추

절'이라고도 하며 온갖 곡식이 무르익어 연중 가장 풍요로운 때이다. 이 추석에는 송편을 빚어 먹으며 고유 때도 송편을 제수에 차려 행사한다. 추석 또한 단헌 무축이다

3. 연시(年始) 추석(秋夕)의 차례(茶禮) 절차

○ 재계(齋戒) : 조상의 차례를 위하여 근신하고 목욕재계하고 내외를 깨끗하게 청소한다.

○ 설위·진기(設位陳器) : 차례 지낼 장소의 위치를 정하고 기구를 배설한다.

○ 수축(修祝) : 지방을 준비한다.

○ 척기·구찬(滌器具饌) : 제기를 닦고 제수를 마련하여 상에 차린다.

○ 변복취위(變服就位) : 자손들은 옷을 챙겨입고 정해진 위치에 선다.

○ 설소과주찬(設蔬果酒饌) : 식어도 상관없는 제수를 먼저 차린다.

○ 신위봉안(神位奉安) : 윗대부터 신위를 모신다.

○ 분향(焚香) : 제주가 읍하고 꿇어앉아 향을 세 번 사르고 재배한다.

○ 강신(降神) : 제주가 꿇어앉아 따라주는 술을 모사기에 세 번 나누어 모두 비우고 재배한다.

○ 참신(參神) : 제주 이하 남자는 재배하고 여자는 4배한다.

○ 진찬(進饌) : 식어서는 안될 모든 제수를 선대 제상부터 차례로 받들어 올린다

○ 헌작·유식(獻酌侑食) : 제주가 주전자를 들어 윗대 고위

(높은 선조, 곧 남자분)의 잔부터 아래 비위(여자분)까지 차례로 술을 올리며 떡국에 숟가락을 꽂고 젓가락을 골라 시접에 걸쳐 놓는다.

- 추석에 숟가락을 놓치 않는 이유는 메와 갱을 올리지 않기 때문이다

o 낙시저(落匙箸) : 떡국에서 숟가락을 뽑고 젓가락을 내려 시접에 담는다.

o 사신(辭神) : 모든 자손이 남자는 재배하고, 여자는 4배한다.

o 납주(納主) : 신위를 원래의 자리로 모시며 지방은 태운다.

o 철찬(撤饌) : 제례 음식을 제상에서 내린다.

o 음복(飮福) : 자손들이 음식을 나누어 먹으며 조상의 유덕

성묘하는 모습

(有德)을 기린다.

- 설날이나 추석에는 기제사와 달리 술을 한 번만 올리고 일반적으로 축(祝)을 읽지 않는다.

XⅢ. 묘제(墓祭)

1. 묘제

묘제는 매년 시월(十月) 상달에 묘소에서 자손들이 모여 지내는 제사를 말한다.

묘제는 시제, 시사, 시향이라고도 하며 제주는 주손이 된다.

2. 집사분정(執事分定)

묘 제정일의 전일 해가 지기 전에 제원은 제사에 들어간다. 저녁 식사 후 당해 제운영위원장의 주재로 개좌하고 공의에 들어가며 먼저 주요한 문사를 의논 결정하고 다음날 묘제행사의 집사를 나누어 정한다.

나누어 관장할 집사는 상례, 초헌, 아헌, 종헌, 집례, 축, 진설, 사준, 봉로, 봉향, 전작, 관세위, 장찬 등이다.

3. 묘제(墓祭) 진설(陳設)

o 제유사가 고직 또는 장찬자로 하여금 제수를 산상에 옮겨

산상에서 참사자가 모두 차례로 늘어선 가운데 진설자가 석상
위에 진설하며 진설이 끝나면 홀기(笏記)에 따라 묘제를 행
한다.

　제례 절차는 다른 제례와 비슷하나 시조 시향제는 제수를 날
것으로 쓴다는 점이 다르다. 날것을 쓰는 것은 시조 시향제나
불천위 제사는 보통 사람보다 격이 높은 사람이기 때문이라고
한다.

- 시제시 제수(祭需)가 먼저 가고 뒤를 따라 자손들이 따라가
  는데 제수가 후손들 앞을 지나갈 때는 조상 드실 음식에 대
  하여 예를 표하기 위하여 절을 한다.
- 묘제시 상석 위에 차일을 설치한다. 이는 천년을 산 독사가
  짐새가 되어 날아다니며 제물에 짐새의 그림자가 스쳐 지나
  가면 스쳐 지나간 음식을 먹는 사람은 죽기 때문에 그림자를

헌작하는 모습(도산서원)

쉽게풀어쓴상례와제례

막기 위한 것이라 한다.

- 성묘 후 솔가지를 꺾어놓고 가는 것은 솔잎은 모든 초목중 가장 먼저 싹이 돋는 강건한 풀이고 만년 푸르름을 지니고 있어 후손들이 조상을 제일 먼저 찾고 세월이 흘러도 잊지 않는다는 의미에서 솔가지를 꺾어놓고 가는 듯하다.

4. 묘제(墓祭)의 순서(順序)

○ **참신**(參神) : 참사자 전원이 다 재배한다

○ **강신**(降神) : 초헌자가 관수세수하고 석상 앞에 나아가 꿇어앉아 삼상향하고 술잔을 잡고 사준으로부터 술을 받아 흔작하여 오른쪽 손으로 잔을 들어 상석 전에 삼제주하고 계하에 물러나와 재배하고 제자리로 간다.

○ **초헌**(初獻) : 첫 술잔을 드리는 절차로 초헌자가 석상 앞에 나아가 꿇어앉아 고위(아버지)작을 들고 사준으로부터 술을 받아 좌집사에게 주면 좌집사는 술잔을 받아 들고 있고 초헌자가 비위(여자쪽)작을 들고 사준으로부터 술을 받아 우집사에게 주면 우집사가 받아 좌우 집사가 함께 똑같이 신위 전에 올리며 이때 초헌자는 고개를 숙인다.

양 집사가 계반개 하고 상시하고, 우집사가 미어 한 점을 드리고는 정저를 하면 축이 제주의 좌측에 나아가 꿇어앉아 독축을 한다. 독흘하면 제주가 일어나 계단 아래에 물러서서 재배하고 제자리로 간다.

○ **아헌**(亞獻) : 두번째 술잔을 드리는 절차로 아헌자는 항고 연장자가 천거된다. 아헌자가 세수를 하고 상석 앞에 꿇어앉으면 좌우집사가 퇴작하여 퇴주하고 술잔을 소반상에 얹는

다. 아헌자가 고위작을 잡고 사준으로부터 술을 받아 좌집사에게 주면 이를 받아 받들고 있고 아헌자가 다시 비위작을 잡고 사준으로부터 술을 받아 우집사에게 주면 우집사가 술을 받아 좌우집사가 똑같이 신위 전에 드린다. 이때 아헌자는 고개를 숙인다.

우집사가 미어 한 점을 올리고 정저를 하면 아헌자는 일어나 계단 밑으로 물러나와 재배하고 제자리로 가서 선다.

○ 종헌(終獻) : 세번째 술잔을 드리는 절차이다.

종헌은 소임을 맡은 제유사가 행하는 것이 원칙이며 행사 절차는 아헌예와 똑같다.

○ 진다(進茶) : 종헌이 끝나면 장찬자가 숙냉을 판에 두 그릇 받들고 상석 앞의 정면에 들어선다. 양 집사가 갱그릇을 물려 판 위에 얹고 숙냉을 드린 후 메를 세 번 떠서 숙냉에 말고 숟가락을 손잡이가 서로 엇갈리도록 해서 걸쳐 놓는다.

○ 숙사소경(肅俟小頃) : 잠시 머문 후 상례가 "하시 하시오"라고 하면 양집사가 숙냉에 걸쳐 놓은 숟가락을 거두고 젓가락을 모아 함께 시저법에 얹고 합반개를 한다

○ 사신(辭神) : 사신이란 영혼과 고별한다는 뜻으로 초헌자 이하 참사자들이 개재배 한다.

○ 분축(焚祝) : 사신재배 후 초헌자가 상석 앞에 나아가 꿇어 앉으면 집사가 고위작을 퇴작하여 초헌자에게 준다. 초헌자는 음주하고 비위작은 퇴주하고 난 다음 축이 초헌자의 좌측에 꿇어앉아 분축을 하고 초헌자와 축관이 함께 물러나 제자리에 선다.

○ 철찬(撤饌) : 양집사가 반과 숙냉그릇을 먼저 물리고 난 뒤에 장찬자가 안으로부터 차례로 철찬을 한다.

ㅇ음복(飮福) : 제수에 쓴 음식을 참사자들이 서로 나누어 음복한다

5. 유의사항(有意事項)

제수가 완전하게 철상되기 전에는 제관은 자리를 떠나서는 안된다.

ⅩⅣ. 기제(忌祭)와 차례(茶禮)의 차이점

①지내는 날 : 기제는 조상이 돌아가신 날에 지내고 차례는 명절에 지낸다.

②지내는 시각 : 기제는 밤에 지내고 차례는 아침에 지낸다.

③지내는 대상 : 기제는 돌아가신 조상과 그 배우자만 지내고, 차례는 자기가 기제를 받드는 모든 조상을 지낸다.

④지내는 장소 : 기제는 장자손의 집에서 지내고, 차례는 사당이나 묘지에서 지내나 현실적으로 장자손의 집에서 지낸다.

⑤차리는 제수 : 기제에는 메(밥)와 갱(국)을 차리지만 차례에는 메와 갱을 차리지 않고 명절음식을 올린다(설날에는 떡국, 추석에는 송편)

⑥기제에는 해(醢 : 조기)를 올리지만 차례에는 조기 자리에 혜(醯 : 식혜건더기)를 차린다.

⑦기제에는 술을 3번 올리지만[三獻] 차례는 1번[單獻]만 올

린다.

⑧기제에는 술을 올릴 때마다 제주를 하지만 차례에는 제주를 하지 않는다.

⑨기제에는 잔반을 내려 술을 따라서 잔반을 올리지만 차례에는 주전자를 들고 젯상 위의 잔반에 직접 술을 따른다.

⑩기제에는 적(炙)을 술을 올릴 때마다 올리고 내리고 하지만 차례에는 진찬(進饌) 때 3적을 함께 차린다.

⑪기제에는 첨작(添酌)을 하지만 차례에는 첨작을 하지 않는다.

⑫기제에는 합문・계문(闔門・啓門)을 하지만 차례에서는 하지 않는다.

⑬기제에는 숭늉을 올리지만 차례에는 올리지 않는다.

⑭기제에는 반드시 축문(祝文)을 읽지만 차례(茶禮)에서는 대부분 읽지 않는다.

⑮기제는 하루에 두 분(예 : 祖와 父)의 기제를 지내는 경우라도 따로 두 번을 지내지만 차례는 모든 조상의 제상을 내외 분씩 따로 차리되 한 번의 절차로 끝낸다.

기제는 정식(正式)으로 지내고 차례는 약식(略式)으로 지내는 이유는 기제는 일가친척들이 모여서 정식절차로 지낼 수 있으나, 차례는 가정마다 차례를 지내는 관계로 약식으로 지낸다.

오늘날의 제례(祭禮)
― 가정의례준칙상의 제례 ―

　제례는 기제(忌祭)·절사(節祀)·연시제(年始祭)로 구분한다.

　기제는 제주(祭主)의 아버지와 어머니, 할아버지와 할머니까지로만 한다.

　기제를 모시는 시각은 매년 사망한 날 해가 진 뒤에 제주의 가정에서 모신다.

　기제에 참석하는 사람은 망인의 직계자손으로 한다.

　절사(節祀)는 추석(秋夕)날 아침에 직계조상에 대하여 지낸다.

　절사에 참례하는 범위는 직계자손으로 하고, 절사를 지내는 장소는 종손의 집에서 지낸다.

　연시제(年始祭)는 설날 아침에 지내되 그 대상, 장소, 참가자의 범위는 기제(忌祭)에 준한다.

제수(祭需)는 평상시의 간소한 반상(飯床) 음식으로 자연스럽게 차린다.

절사의 경우에는 떡으로, 연시제의 경우에는 떡국으로 밥을 대신할 수 있다.

제사의 절차에 있어 제주(祭主)는 분향하고, 모사에 술을 붓고, 참례한 사람이 일제히 신위 앞에 재배하여서서 혼령을 모신다.

술잔은 한 번만 올리고 축문을 읽은 뒤 묵념한다.

그리고 참례한 사람이 함께 하는 재배로써 물림절을 한다.

성묘는 각자의 편의대로 한다. 그 배례 방법은 재배 또는 묵념으로 하며, 제수(祭需)는 마련하지 않는다.

신위는 사진으로 하고 사진이 없는 경우에는 지방으로 대신한다.

지방은 한글로 백지에 먹글씨로 다음과 같이 쓴다.

〈부모의 경우〉

아 어
버 머
님 님 전
신 주
위 이
　 씨
　 신
　 위

아
버
님
신
위

부모가 모두 사망했을 경우에
는 두 분을 합동으로 쓴다.

부모 중 한 분만 사망했을 경
우에는 한 분만 쓴다.

〈배우자의 경우〉

부
군
신
위

망
실
밀
양
박
씨
신
위

자식이 없는 아내가 남편의
제사를 지낼 때의 지방

자식이 없는 남편이 아내의
제사를 지낼 때의 지방

쉽게풀어쓴상례와제례

선조여러어른신위

어머님전주이씨신위
아버님신위
할머니순창설씨신위
할아버님신위

절사(節祀) : 명절이나 계절에 따라 지내는 제사

합사(合祀) : 기제(忌祭)로 조부모와 부모까지 지내는 제사

I. 오늘날의 제사

1. 제사의 종류

돌아가신 날 집에서 드리는 기제(忌祭)가 있고, 봄이나 가을에 날을 받아서 묘에서 드리는 묘제(墓祭)가 있다.

가족끼리만 모여서 제사를 드리는 것이 아니라 사회 여러 사람들까지 참례하는 추도식(追悼式)과 위령제(慰靈祭)가 있다.

제사는 아니지만 선영을 받드는 의식(儀式)으로 설과 추석에 드리는 절사(節祀)가 있다.

한식(寒食)에 성묘를 가서 술과 과일을 올리는 것은 절사의 한 종류라 하겠다.

2. 지방(紙榜)과 축(祝)

묘제(墓祭)·위령제(慰靈祭)·추도식(追悼式) 그리고 한식 절사(節祀)에는 지방이 필요 없으나 기제(忌祭)와 설과 추석에 드리는 절사(節祀)에는 지방이 필요하다.

가정의례준칙(家庭儀禮準則)에 한글로 쓰는 지방 서식이 있다. 그래서 일반적으로 한글로 쓰는 지방과 옛날 서식대로 한문으로 쓴 지방이 같이 쓰이고 있다. 그러나 오늘날에는 사진(寫眞)만을 모시고 지방을 쓰지 않는 경향이 많아지고 있다.

지방 자체에 큰 의의가 있는 것이 아닌 이상, 사진이나 초상

화가 있으면 모시고 제사를 드리는 것도 무방하다.

한글 세대가 늘어남과 동시에 한자(漢字)의 사용 빈도가 줄어드는 추세로 보아서는 오래지 않아 한자 서식의 지방이 극히 드물게 될 것으로 보인다.

축문(祝文)은 오늘날 새로운 서식이 있지 않다. 그렇다고 상례(喪禮)와 제례(祭禮)의 절차와 의식이 많이 바뀐 오늘날, 옛날 그대로의 축문을 쓴다는 것은 어려운 일이다.

더구나 한글 세대들은 옛날의 축문이 무슨 내용인지도 알기 어렵다. 그래서 오늘날에 널리 통용될 수 있고 누구나 쓸 수 있으며 알 수 있는 축문의 양식이 필요하다.

축문이란 제사를 받드는 사람이 선조에 대해 제수를 올리고 드리는 말씀인 것이므로 어려운 것만은 아니다.

축문의 내용으로서는

① 오늘……제일(祭日)을 맞이하여 생각하옵건대,

② 살아계실 때는 효도를 다하지 못하고, 오늘날은 가르치심을 행하지 못하와 죄송하옵기 한량 없사오나,

③ 앞으로는 명심하고, 더욱 열심히 노력하여 부끄럽지 않은 사람이 되겠사오니 너그러이 용서하시옵고,

④ 약소하나마 제수를 올리오니 굽어 살피시옵고 흠향하시옵기를 간절히 바라옵니다…….

하는 것에 각자가 특별히 아뢰올 말씀이 있으면 드리는 것이 무방하겠다.

3. 제수(祭需)

가정의례준칙에서 '간소한'이란 표현은 자신과 가족이 일상

끼니에 받는 밥상 정도로만 제수를 차리라는 뜻은 아니라고 본다. 제사를 잘 지내야 효도가 된다는 잘못된 생각에서나 제사를 호화스럽게 모셔야 사회에서 대접을 받는다는 그릇된 생각에서 자신의 살림 형편을 무시하고 허례(虛禮)에 빠지는 경우를 전제하고, 간소하게, 분수에 알맞게 차리자는 뜻이다.

옛날에 재산이 많아도 제사에서 한 항목(項目)에 5가지를 넘지 않는다고 한 것은 검소를 뜻하는 것이며, 집안이 어려워도 2가지는 해야 한다는 것은 정성을 들여야 한다는 의미이다.

옛날 같이 새로운 음식물이 생길 때마다 천신(薦新)을 하고, 철따라 제사를 드리며 농사를 지어서는 이제(禰祭)를 모셔 부모님께 감사드리는 정도로 다 하지는 못하더라도 가족들의 용돈을 줄이고 의복비(衣服費)를 줄이며 생활비를 줄여서라도 성심성의를 다해 제수를 마련해야 할 것이다. 3일재(齋)와 7일계(戒)의 옛날 교훈을 거울삼아 정성을 다하는 것이 자손의 도리이다.

4. 기제(忌祭)와 묘제(墓祭)

돌아가신 날 드리는 제사로서 아버지, 어머니, 할아버지, 할머니 그리고 남편과 아내에 대하여 제사를 지낸다. 가풍에 따라서는 지금도 옛날과 같이 증조할아버지, 증조할머니, 고조할아버지, 고조할머니에 대해서 돌아가신 날 제사를 모신다.

제사를 지내는 절차는 제수를 진설한 다음 분향을 하고, 강신을 하고, 술잔을 올린 다음 축문을 읽는다.

축문은 옛날 서식의 축문이 아니더라도 구두(口頭)로라도 흠향하시라는 말씀을 드려도 무방하다.

잔은 한 잔으로는 너무 섭섭하니 삼배로 올리는 것이 좋겠다.

잔을 다 올린 다음에는 가족이 모여서 조상들의 이야기를 나누는 것이 좋다. 자라나는 어린이에게는 조상들의 이야기가 큰 교훈이 된다.

국을 내리고 물을 올린 다음 철상을 한다.

제사를 모시는 시간은 여러 가지 풍습이 있고, 또 좋은 점과 나쁜 점이 있으나 초저녁보다는 아침이 좋겠고, 아침보다는 이른 새벽에 주위가 고요할 때 모시는 것이 좋다.

묘제(墓祭)는 세월이 흐름에 따라 점차 사라져가는 제례(祭禮)이나, 아직도 묘제를 갖추어 모시는 집안이 적지 않다.

묘제는 지금도 5대조부터 모신다.

지금도 묘제는 옛날의 제사 의식대로 모신다.

5. 추석(秋夕)과 설

추석과 설날 아침에 기제(忌祭)를 모시는데 선영의 신위(神位)를 모시고 제수를 올린다.

사시제(四時祭)나 이제(禰祭)가 없는 오늘날에는 사시제나 이제를 겸하는 의미에서 정성을 들여 모셔야 한다.

변천되어 가는 사회의 조류에 비추어 보아, 앞으로 설날에는 집에서 합사(合祀)로 모시고, 추석에는 성묘(省墓)를 가서 묘소에서 간단한 제수를 올려 제사를 드리는 것도 무방하지 않을까 한다.

기제(忌祭)나 절사(節祀)에 옛날과 같이 의식을 구분하는 것보다는 일반적인 예(禮)로서

① 분향하고

② 강신하고

③ 잔을 올리고,

④ 흠향하십시오 하는 말씀을 드리고,

⑤ 참례한 사람은 원하는 대로 잔을 올리고,

⑥ 인사를 드리고,

철상(撤床)하는 것이라면 제수의 많고 적음과, 옛날의 예법에 합당한가 합당하지 않은가보다는 제사를 받드는 정성과 마음가짐이 가장 중요한 문제라고 하겠다.

6. 추도식(追悼式)

고인이 국가와 사회에 공헌함이 크고 덕망이 높으면 고인을 따르던 분들과 가족이 추도식(追悼式)을 갖는다.

추도식을 가질 때는 집안에서의 제사는 생략하기도 한다.

추도식은 여러 사람이 모일 수 있는 넓은 장소에서 거행하는 것이나 묘소에서도 한다.

추도식에 참석하는 사람들은 검은색 양복이나 한복으로 정장을 하는 것이 원칙이다.

추도식은 대개 다음과 같은 식순으로 진행한다.

① 개식 – 사회자가 선언한다.

② 묵념 – 고인을 추모하는 묵념이며 묘소 앞일 때는 배례를 하기도 한다.

③ 약력 보고 – 고인의 업적을 간추려서 보고한다.

④ 추도사 – 고인을 추모하는 글이다.

⑤ 분향 – 영정에 향을 피우고 배례를 한다.

⑥ 폐식 – 사회자의 선언으로 추도식을 마친다.

7. 위령제(慰靈祭)

일반적으로 전쟁이나 천재지변, 또는 큰 사고로 많은 생명이 희생되었을 때 그 영혼을 위로하는 제사이다.

위령제를 주관하는 측의 입장에 따라 어느 특수한 종교 의식이나 일반적인 의식으로 할 수 있다.

대체적인 절차와 순서는 다음과 같다.

① 제례 거행 선언

② 주악

③ 일동 경례

④ 사건의 개략적인 보고

⑤ 추모사(追慕辭)

⑥ 분향 헌작

⑦ 일동 경례

⑧ 주악

⑨ 예필 선언

신위는 사진이나 지방을 쓰고, 제상은 서서 경례와 분향을 할 수 있게 높게 만들며, 제수는 과일과 건포를 쓴다.

II. 종교식(宗敎式) 제례

1. 불교식(佛敎式) 제례

제사는 절에서 모신다. 고인의 명복(冥福)을 비는 재(齋)로서 사십구재와 백일재가 있고, 소기(小朞)와 대기(大朞)에 드리는 재가 있다.

일반 불교신자의 제사는 대개 다음과 같은 순서로 거행한다.

① 개식(開式) – 법사가 선언한다.

② 삼귀의례(三歸依禮) – 불(佛)·법(法)·승(僧) 삼보에 인간이 귀의(歸依)한다는 의식을 거행한다.

③ 독경 – 일반적으로 반야심경(般若心經)을 읽는다.

④ 묵도

⑤ 추도문 낭독 – 이 때 고인의 약력을 소개하기도 한다.

⑥ 추도사 낭독 – 법주(法主)가 한다.

⑦ 분향 – 유족이 고인의 명복을 빌면서 향을 사르면 뒤이어 손님이 향을 사른다.

⑧ 답사(答辭) – 제주(祭主)가 여러 손님께 감사 말씀을 드리는 것으로 제사는 끝난다.

2. 기독교식(基督敎式) 제례

기일(忌日)이 되면 목사가 주례가 되어 추도 예배를 본다.

① 찬송

② 기도 – 주례 목사가 한다.

③ 성경 봉독 : 열왕기 상 2장 1절~3절

　　　　　　　누가복음 10장 25절~27절

　　　　　　　잠언 3장 1절~3절

④ 기념 추도 – 주례가 설교와 겸하여 고인의 이야기를 한다.

⑤ 묵도 – 약 3분간 한다.

⑥ 찬송

⑦ 주기도문 – 참례자 일동이 한다.

유가족들은 추도 예배가 끝나면 다과(茶菓)를 준비하여 교우들을 대접한다.

3. 카톨릭식(天主敎式) 제례

카톨릭에서는 고인의 영혼을 위해 장례를 치른 3일 뒤에 연미사를 드리고, 7일, 30일 뒤에도 연미사를 드린다.

첫 기일(忌日)이 되면 연미사를 드리며 성모(聖母)께서 특히 부탁하신 일이라 하여 유가족이 다같이 고해 성사(告解聖事)와 성체성사(聖體聖事)를 받기를 권한다.

소기(小朞)에 오는 손님에게는 음식을 대접한다.

특히 카톨릭에서는 11월 2일, 연옥(煉獄)에 있는 모든 영혼을 위해 올리는 미사인 추사이망첨례(追思已亡瞻禮)의 날에는 교우들이 묘지를 찾아가 고인의 영혼을 위해 기도드린다.

III. 제수(祭需)

제상에는 일반적인 예(例)로 다섯 줄(五列)로 진설한다.

① 신위(神位) 바로 앞 줄은 메, 국, 떡, 그리고 수저와 젓가락을 담은 접시를 놓는다. 곡식으로 된 제수를 한 줄로 차린다.
② 다음 줄은 탕줄이라 하여 세 가지 탕(三湯)을 가운데 놓고, 적(炙)을 탕 양쪽으로 놓는다. 이 때 생선으로 만든 것은 오른쪽(東)에 놓고, 고기로 만든 것은 왼쪽(西)에 놓는다.

③ 다음 줄은 고기 줄이라 하여 생선(魚)은 오른쪽에 놓고, 고기는 왼쪽에 놓는다.

④ 네째 줄은 채소 줄이다. 오른쪽으로부터 산채(고사리, 취, 도라지), 가채(무나물, 콩나물, 숙주나물, 가지나물), 해채(우뭇가사리, 파래, 미역) 순으로 놓는다.

⑤ 다섯째 줄은 과일 줄로 왼쪽으로부터 대추, 밤, 곶감, 배 순서로 놓고 이어서 유과, 산자, 강정 등을 놓는다

포(脯)는 고기 줄에 놓으나 문어만은 대부분 과일 줄에 놓고 식혜는 유과나 산자와는 달리 술잔 옆에 놓는다.

김치와 간장은 한 줄로 치지 않고, 첫 메 줄과 두 번 째의 탕 줄 사이에 놓고 술잔은 고위(考位)와 비위(妣位) 메 사이에 놓기도 하나, 메 앞 김치와 간장 옆에 놓는다. 식혜는 술잔 옆에 한 뼘쯤 사이를 두고 놓는다.

술잔, 김치, 간장, 식혜는 한 줄로 치지 않고 탕 줄에 가까이 놓는다.

생선은 머리를 오른쪽으로 향하게 하며 배(腹)부분이 메 있는 쪽으로 가고 등부분이 과일 쪽으로 가게 놓는다. 이는 배가 등보다 더 중요하고 또 앞(前)이라는 뜻이다.

신위를 중심으로 하여 메와 술이 가장 가까우며 김치와 간장을 고기보다 더 중요시한다. 같은 고기라도 찌고 삶아서 놓은 것보다 구운 것(炙)을 더 중요시하고, 구운 것보다 끓여서 만든 탕을 보다 더 중요시한다.

채소는 산에서 채취한 고사리, 도라지, 취나물을 집에서 길러 만든 콩나물 등의 가채보다 더 중요시한다.

초(醋)는 고기 옆에 놓으며, 조청은 떡 옆에 놓는다.

I. 제례 용구

일반적인 제찬도(祭饌圖)

| | （고위） | 지방 | （비위） | |

시접	메	국		메	국	떡
◯	◯	◯		◯	◯	◯

| ◯ | | ◯ | ◯ | ◯ | | ◯ | ◯ | ◯ |
| 초 | | 술잔 | | 간장 | 김치 | 술잔 | 식혜 | 조청 |

◯	◯	◯	◯	◯	◯	◯
육적	육적	소탕	육탕	어탕	어적	어적

◯	◯	◯	◯	◯	◯	◯
	육류(肉類)			어류(魚類)		

◯	◯	◯	◯	◯	◯	◯
	해채		가채		산채	

◯	◯	◯	◯	◯	◯	◯
대추	밤	곶감	배	포(문어)	산자	강정

율곡(栗谷)선생 격몽요결(擊蒙要訣) 제찬도

신위

| 메 | 술잔 | 국 | | 수저 | | 메 | 술잔 | 국 |

| 국수 | 떡 | 건육 | 적 | 어물 | 국수 | 떡 |

| 탕 | 탕 | 탕 | 탕 | 탕 |

| 자반 | 포 | 나물 | 간장 | 식혜 | 김치 |

| 밤 | 대추 | 곶감 | 배 | 은행 |

향로   향합

술병   모사기   퇴주그릇

사례편람(四禮便覽) 제찬도

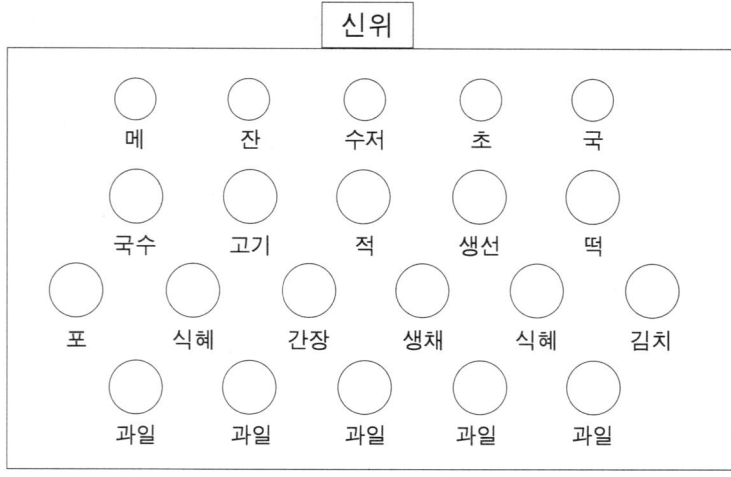

신위

| 메 | 잔 | 수저 | 초 | 국 |

| 국수 | 고기 | 적 | 생선 | 떡 |

| 포 | 식혜 | 간장 | 생채 | 식혜 | 김치 |

| 과일 | 과일 | 과일 | 과일 | 과일 |

부 록
(附錄)

Ⅰ. 족당(族黨)의 관계

1. 종 족(宗族)

※ '나'를 기준한 종족의 호칭

부(父) – 아버지. 사망하면 고(考)

모(母) – 어머니. 사망하면 비(妣)

조부(祖父) – 할아버지. 아버지의 아버지

조모(祖母) – 할머니. 아버지의 어머니

증조부(曾祖父) – 증조할아버지. 아버지의 할아버지

증조모(曾祖母) – 증조할머니. 아버지의 할머니

고조부(高祖父) – 아버지의 증조할아버지

고조모(高祖母) – 아버지의 증조할머니

자(子) – 아들. 자기의 소생

자부(子婦) – 며느리. 아들의 아내

여(女) – 딸. 자기의 소생

손자(孫子) – 아들의 아들

손부(孫婦) – 손자의 아내

증손(曾孫) – 손자의 아들. 아들의 손자

증손부(曾孫婦) – 증손자의 아내

현손(玄孫) – 증손자의 아들

현손부(玄孫婦) – 현손의 아내

백부(伯父) – 세부(世父). 조부의 장자

백모(伯母) - 세모(世母). 백부의 아내

중부(仲父) - 아버지의 중형

중모(仲母) - 중부의 아내

숙부(叔父) - 계부(季父). 아버지의 동생

숙모(叔母) - 숙부의 아내

고모(姑母) - 아버지의 여자 형제

형(兄) - 아버지가 먼저 낳은 아들

형수(兄嫂) - 형의 아내

제(弟) - 동생

제수(弟嫂) - 동생의 아내

자(姉) - 누님. 손위 누이

매(妹) - 여동생. 손아래 누이

질(姪) - 조카. 형제의 아들

질부(姪婦) - 조카의 아내

종손(從孫) - 형제의 손자

종손부(從孫婦) - 종손의 아내

종형제(從兄弟) - 백숙부의 아들

종자매(從姉妹) - 백숙부의 딸

당질(堂姪) - 종형제의 아들

당질부(堂姪婦) - 당질의 아내

재종손(再從孫) - 종형제의 손자

종조부(從祖父) - 조부의 형제

종조모(從祖母) - 종조부의 아내

당숙(堂叔) - 아버지의 종형제

당숙모(堂叔母) - 당숙의 아내

재종형제(再從兄弟) - 당숙의 아들

재종자매(再從姉妹) - 당숙의 딸

재당질(再堂姪) - 재종형제의 아들

재종조부모(再從祖父母) - 아버지의 당숙과 당숙모

재당숙(再堂叔) - 아버지의 재종형제

재당숙모(再堂叔母) - 재당숙의 아내

삼종형제(三從兄弟) - 재당숙의 아들

삼종자매(三從姉妹) - 재당숙의 딸

종증조부(從曾祖父) - 증조의 형제

종증조모(從曾祖母) - 종증조부의 아내

왕고모(王姑母) - 아버지의 고모

종고모(從姑母) - 아버지의 종자매

재종고모(再從姑母) - 아버지의 재종자매

종증조고모(從曾祖姑母) - 증조의 자매

※ 여기까지는 복(服)을 입는 종족이라 하여 유복지친(有服之親)이라 한다.

삼종조부(三從祖父) - 아버지의 재당숙

삼종조모(三從祖母) - 아버지의 재당숙모

삼종숙(三從叔) - 아버지의 삼종형제

삼종숙모(三從叔母) - 삼종숙의 아내

삼종질(三從姪) - 삼종형제의 아들

삼종손(三從孫) - 재종형제의 손자

※ 여기까지는 복을 입지 않는 종족이라 하여 면복근친(免服近親)이라 한다.

　삼종이 넘는 일가는 촌수(寸數)가 없고, 조부의 항렬에 해당되면 대부(大父)라 하고, 아버지의 항렬은 족숙(族叔)이라 하고, 형제 항렬은 족형(族兄), 족제(族弟)라 한다. 손아래 항렬은 족질(族姪)이라 하고, 항렬이 분명치 않을 때는 종씨(宗氏), 존장(尊長)이라 한다.

친족 관계 계촌도(親族關係系寸圖)

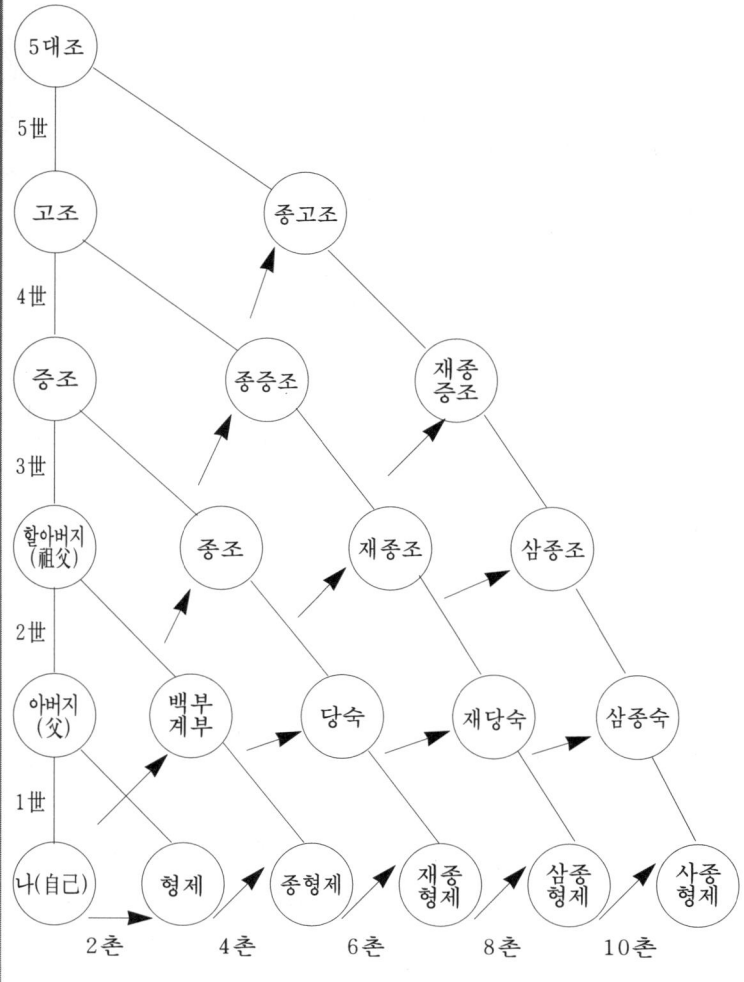

내종간 계촌도(內從間系寸圖)

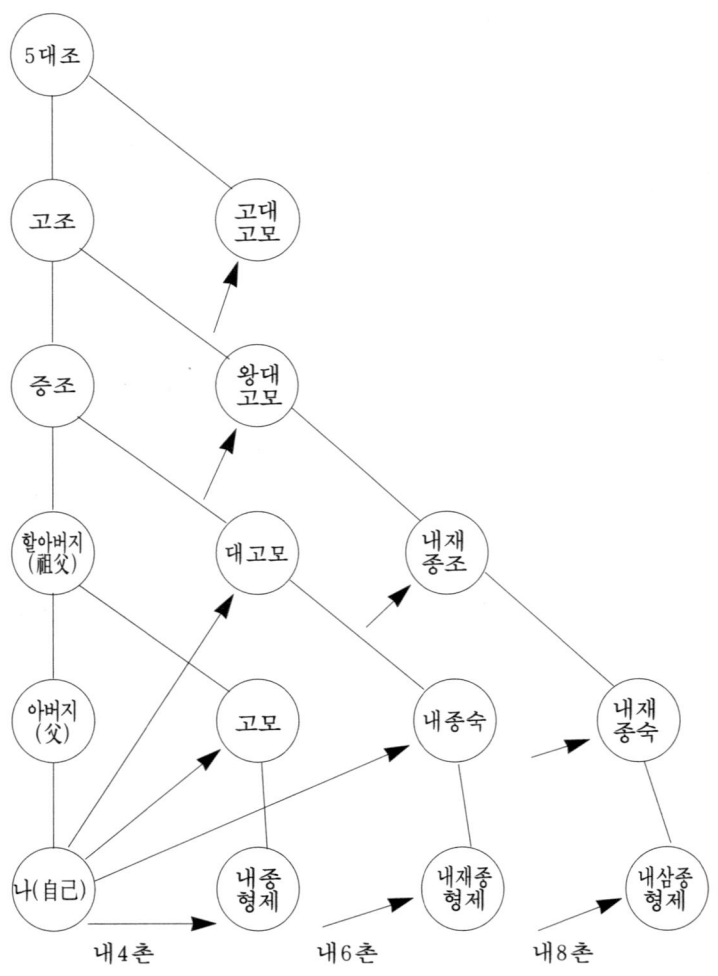

외종간 계촌도(外從間系寸圖)

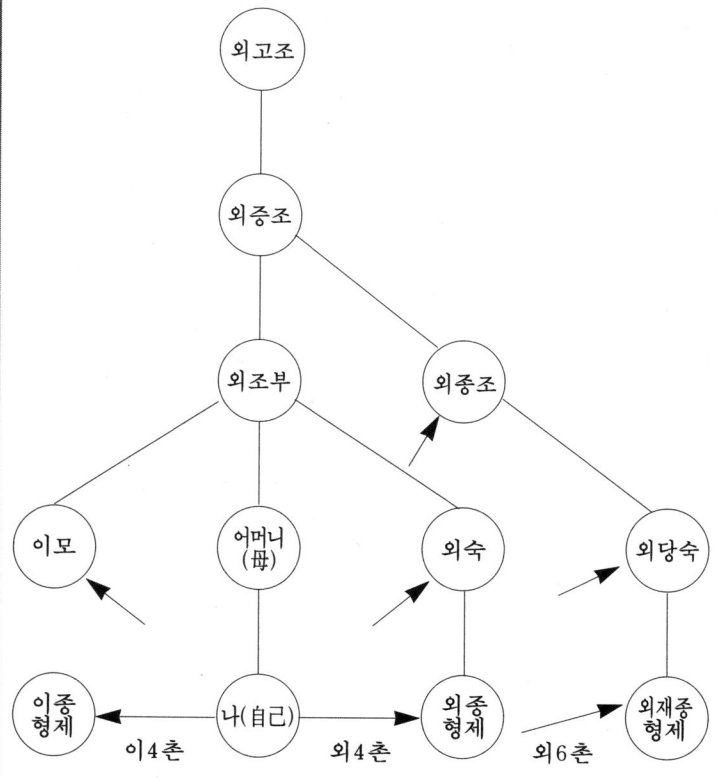

척 당(戚黨 : 혼인으로 인하여 생기는 것)

① 부당(父黨)

고모부(姑母夫) – 고모의 남편

내종(內從) – 고모의 자녀. 고종(姑從)

내종질(內從姪) – 내종의 아들
자형(姉兄) – 누님의 남편
매부(妹夫) – 여동생의 남편
생질(甥姪) – 여자 형제의 아들
생질녀(甥姪女) – 여자 형제의 딸

② 모당(母黨)
외조부(外祖父) – 외왕부(外王父). 어머니의 아버지
외조모(外祖母) – 외왕모(外王母). 어머니의 어머니
외숙(外叔) – 어머니의 오빠나 남동생
외숙모(外叔母) – 외숙의 아내
외종숙(外從叔) – 어머니의 사촌 남자 형제
외종(外從) – 외숙의 아들, 딸
이모(姨母) – 어머니의 여자 형제
종이모(從姨母) – 어머니의 사촌 여자 형제
이모부(姨母夫) – 이모의 남편
이종(姨從) – 이모의 자녀
이질(姨姪) – 아내의 자매의 자녀

③ 부당(夫黨)
부(夫) – 남편
시부(媤父)·시모(媤母) – 남편의 아버지〔구(舅)〕와 어머니
〔고(姑)〕
시숙(媤叔)·시매(媤妹) – 남편의 남자 형제와 여자 형제

④ 처당(妻黨)
처(妻) – 아내

빙부(聘父)·빙모(聘母) – 아내의 아버지〔장인(丈人)〕와
어머니〔장모(丈母)〕
처백부모(妻伯父母)·처숙부모(妻叔父母) – 아내의 백부모
와 숙부모
처남(妻男) – 아내의 남자 형제
처수(妻嫂) – 처남의 아내
처형(妻兄)·처제(妻弟) – 아내의 언니와 동생
처질(妻姪) – 처남의 자녀

칭 호(稱號)

① 부당(父黨)

	본인(本人)이 부를 때	남(他人)이 부를 때
祖父	할아버님, 왕부(王父)	왕존장(王尊丈)
父	아버지, 엄부(嚴父), 가부(家父)	춘당(春堂), 춘부장(春府丈)
叔父	사숙(舍叔)	왕장(王丈)
兄弟	사백(舍伯), 사중(舍仲), 사계(舍季)	백씨(伯氏), 중씨(仲氏), 계씨(季氏)
子	미아(迷兒), 돈아(豚兒)	윤옥(允玉), 영윤(令胤)
孫子	아손(阿孫), 미손(迷孫)	현잉(賢仍), 영잉(令仍)
姪	사질(舍姪), 질아(姪兒)	함씨(咸氏)
一家	비족(鄙族)	귀족(貴族)

② 모당(母黨)

	본인(本人)이 부를 때	남(他人)이 부를 때
祖母	왕모(王母), 할머님	왕대부인(王大夫人)
母	자친(慈親), 어머님	훤당(萱堂), 대부인(大夫人)
外叔	내구(內舅), 외숙부(外叔父)	위양장(謂陽丈)
外從	표형(表兄), 표제(表弟)	
內從	내형(內兄), 내제(內弟)	

③ 처당(妻黨)

	본인(本人)이 부를 때	남(他人)이 부를 때
妻	내자(內子), 형처(荊妻)	합부인(閤夫人), 영부인(令夫人)
丈人	빙부(聘父)	악부(岳夫), 빙부(聘夫)
婿	교객(嬌客)	옥윤(玉潤), 서랑(婿郎)

Ⅱ. 관례(冠禮)의 유래(由來)

관례(冠禮)란 어린아이에서 어른이 되었다는 것을 알리기 위해 하는 예식(禮式)이다.

옛날에는 남자는 15세가 넘어 20세 미만에 땋아내렸던 머리를 올리고 머리에 복건(幅巾), 초립(草笠), 사모(紗帽), 탕건(宕巾) 등의 갓(冠)을 씌우는 의식을 행하였다.

이것은 일상 생활에 있어, 이제부터는 철이 없는 어린 아이가 아니라 예의를 지켜야 하고, 사회 구성원의 한 사람으로서 책임과 의무가 주어졌음을 인식시키는 것이다. 또 밖으로는 맡은 바 일을 자신이 할 수 있는 능력이 있음을 알리고, 자기의 권리를 주장할 수 있게 하고, 그래서 어른으로 대접을 받게 하는데 그 의의(意義)와 목적이 있다.

그래서 결혼도 관례를 치른 다음에야 할 수 있었다.

명(明)나라 구준(丘濬)이 편찬한 『주자가례(朱子家禮)』에 보면 "남자는 15세부터 20세 사이에 관례를 치른다〔男子 年十五 至二十 皆可冠〕." 라고 했다.

송(宋)나라의 명신 사마온공(司馬溫公 : 字는 君實, 이름은 光))도 "남자 나이가 15세 이상이 되어 글을 읽어 예의범절을 알게 되면 관례를 행하는 것이 옳다." 라고 했다.

그러므로 우리 나라에 『주자가례』가 전래된 것은 고려(高

麗) 말엽이라, 이것이 사대부(士大夫) 양반 사회에 널리 행해 지기는 조선(朝鮮) 초엽이 아닌가 한다.

『고려사(高麗史)』 광종(光宗) 16년(서기966년) 기록에 "왕자(王子)에게 원복(元服)을 입혀 태자(太子)로 삼았다." 고 한 것과, 의종(毅宗) 『상정례(祥定禮)』에 "왕자에게 원복의 의(儀)를 행하다." 라는 기록이 있다. 이것을 관례로 보는 의견도 있으나 그 시대는 원(元)나라의 영향을 크게 받던 때였기 때문에 그것은 왕자에게 원나라의 의복을 입혔다는 기록일 것이며 그 이상의 의의가 없다는 견해도 있다.

관례를 치르는 연령은 15세 이상이 되어 정신적으로는 예의를 지킬 만하고 범절을 이해할 수 있는 정도이며, 육체적으로는 성인으로서의 외모를 갖춘 때였다.

그러나 조선 중엽 이후 왜란(倭亂)과 호란(胡亂)을 겪고 조혼(早婚)의 풍습이 생기면서부터 관례를 치르는 연령이 낮아져 10세 전후에 관례를 치르기도 했다.

그러다가 남자 나이가 10세 전후가 되면 관례 의식을 치르지 않고도 그냥 초립이나 복건을 씌우는 풍습이 생겼다.

그래서 관례를 치르면 엄연히 어린아이가 아닌데도 초립을 쓴 아이라는 뜻의 '초립동(草笠童)' 이란 말이 생기기도 했다.

관례는 남자라면 누구나 다 치르는 것은 아니었다. 양반과 천민으로 구분되어 있던 조선 시대에는 천민 사회에서는 관례를 찾아볼 수 없었다. 천민들은 혼인을 하고도 탕건, 망건, 갓 조차도 쓰지 못했다.

이러한 관례 의식은 오랫동안 전해 내려오는 동안 지역과 가문에 따라 조금씩 변모되었다.

그래서 조선조 숙종(肅宗) 때 이재(李縡)가 편찬한『사례편람(四禮便覽)』에 적힌 그대로를 따르기 힘들어 갑오경장(甲午更張)을 전후하여 개화사상이 퍼지면서 관례는 그 의의를 잃어가다가 고종(高宗) 32년인 서기 1895년에 단발령(斷髮令)이 내린 후로는 관례가 사라지게 되었다.

근래에는 약혼식(約婚式)이란 별도 의식이 생겨났으나 이것은 혼인에 앞서 행하는 의식이란 점에서 관례와 비슷하기도 하나 관례의 정신이나 사상은 오늘날의 약혼식과는 다르고 오히려 외국의 성년식(成年式)과 비슷한 것으로 볼 수 있다.

관례와 제례의 의식이 없는 오늘날에는 성년(成年)이라고 일컫는 것은 민법상 만 20세가 된 사람을 말하고 있다.

그래서 성년은 금치산자(禁治産者), 준금치산자(準禁治産者)가 아니면 단독으로 법률 행위를 할 수 있는 행동의 능력을 인정하는 것이다.

외국에는 성년식(成年式)이라 하여 성년이 되어 행하는 의식의 행사가 있기도 하고, 미개(未開)·후진(後進) 사회에서는 성년이 된 남녀에게 씨족(氏族)의 구성원으로서의, 또는 종교 단체의 일원으로서 가입하는 자격을 주기 위해 공공적인 훈련이나 행사를 하기도 한다.

우리나라는 양력 4월 20일을 '성인'의 날로 정하고 간단한 행사도 하고 있다.

Ⅲ. 오늘날의 혼례(婚禮)
― 가정의례준칙상의 혼례 ―

현대에서는 처녀와 총각이 서로 사귀면 결혼하기 전에 약혼을 하기도 하고 약혼식이 없이 그냥 결혼식을 올리기도 한다.

약혼을 하게 될 때에는 약혼 당사자의 호적등본(戶籍謄本)과 건강진단서(健康診斷書), 그리고 다음과 같은 약혼서(約婚書:〈서식①〉)를 서로 교환하는 것으로써 마치고 별도의 약혼식은 거행하지 않는다. 또 술이나 음식을 준비하여 잔치는 하지 않는다.

혼례일(婚禮日)을 정하는데 좋은 날을 받기 위해 정성을 다하는 것은 신랑·신부의 행복을 빌어주는 의미에서는 좋다고 하겠으나 그렇다고 지나치게 거기에 의존하는 것은 미신이라 할 수 있다.

혼례일은 한여름 더위와 한겨울의 큰 추위를 피하는 것이 좋고 따라서 여자의 생리일도 참작하여 양쪽이 다 편리할 수 있는 날을 의논하여 정하는 것이 좋겠다.

식장(式場)은 보통 예식장을 이용하고 있으나 굳이 유명한 예식장이나 큰 호텔을 빌려 많은 돈을 들여가며 예식을 올리는 것보다는 마을이나 공공기관의 회관을 이용하는 것도 좋다.

또한 종교적인 문제에 큰 제약을 받지 않는다면 교회나 사찰에 가서 예식을 올리는 것도 좋다.

물론 양쪽 가족이 원만한 의논을 하여 정하는 것이 좋고 예식장 사용료는 양편에서 절반씩 부담하는 것이 바람직하다.

　주례(主禮)는 혼인 뒤에도 신혼 부부를 염두에 두고 지도를 해 줄 수 있는 은사나 지방의 잘 아는 지도급 인사면 충분하다.

〈하객에게 보낼 서식은 다음과 같다〉

[서식 ①]

약　혼　서		
구　　분	남	여
본　　적		
주　　소		
성　　명		
주민등록번호		
생　년　월　일		
호주 주소 성명		

　위　두 사람은 다음과 같이 혼인할 것을 약속함.
　1. 결혼 예정일　　년　　월　　일
　2. 기타 조건

　　　　　　　　　　　　　　년　　월　　일

　　　　약혼자　　　　남　　　　　　인
　　　　　　　　　　　여　　　　　　인
　　　　입회인　　남자측 주소
　　　　　　　　　　성명　　　　　인
　　　　　　　　여자측 주소
　　　　　　　　　　성명　　　　　인

청첩장

○○○씨 장남 ○○군

○○○씨 이녀 ○○양

　　위 두 사람의 혼례식을 다음과 같이 거행
하옵기에 왕림하시어 그 자리를 더욱 복되게
하여 주심을 바라나이다.

　　때 : ○년 ○월 ○일 ○시

　　곳 : ○동 ○회관 ○층

　　주례 : ○○○선생

　　　　　　　　청첩인　　○○○

　　　　　　　　　　　　　○○○

　　　　　동령부인 좌하

[서식③]

모시고자 하는 말씀

　　○○○군과 ○○○양이 ○년 ○월 ○일 ○○
○선생을 모신 자리에서 화촉을 밝히고 좋은 인
연을 맺으려 하오니 바쁘신 중이오나 두 사람의
복을 빌어주시옵고 지도하여 주심을 삼가 바라옵
니다.

　　　　　　　　○년 ○월 ○일

　　　　　　청첩인　　○○○

　　　　　　　　　　　○○○

　　　동령부인 좌하

구태여 전혀 알지도 못하는 사회의 저명 인사를 초빙하는 것은 허황된 생각에 지나지 않는다. 며칠이 지난 뒤 주례 자신이 누구의 주례를 섰는지도 모를 상태라면 무의미한 일이다.

　주례를 부탁할 때에는 본인이나 부모가 직접 찾아가서 말을 해야 하고, 가능하다면 혼인 며칠 전쯤 신랑·신부가 함께 인사를 드리는 것도 바람직한 일이다.

　혼인 반지는 영구불변(永久不變)을 의미하는 금(金)으로 하고, 반지 이면(裏面)에는 혼인 날짜와 신랑·신부 이름의 머릿글자를 새겨 넣기도 한다.

2. 혼인 기념일(婚姻記念日)

혼인 기념일의 명칭은 다음과 같다.

 I주년 기념일-- 지혼식(紙婚式)

2주년 기념일-- 고혼식(藁婚式)

3주년 기념일-- 과혼식(菓婚式)

4주년 기념일-- 혁혼식(革婚式)

5주년 기념일-- 목혼식(木婚式)

7주년 기념일-- 화혼식(花婚式)

IO주년 기념일-- 석혼식(錫婚式)

I2주년 기념일-- 마혼식(麻婚式)

I5주년 기념일-- 동혼식(銅婚式)

20주년 기념일-- 수정혼식(水晶婚式)

25주년 기념일-- 은혼식(銀婚式)

30주년 기념일-- 진주혼식(眞珠婚式)

35주년 기념일-- 산호혼식(珊瑚婚式)

40주년 기념일-- 녹옥혼식(綠玉婚式)

45주년 기념일-- 홍옥혼식(紅玉婚式)

50주년 기념일-- 금혼식(金婚式)

75주년 기념일-- 금강석혼식(金剛石婚式)

2. 혼례의 서식

납 채(納采)

규수(閨秀)의 주혼자로부터 면약(面約 : 만나서 약속함)을 받으면 신랑 집에서는 신랑의 사주(四柱:〈서식④⑤⑥〉)를 적은 사성(四星)을 편지와 함께 여자 집에 보낸다.

사성이란 여자 집에 보내기 위해 신랑의 사주를 쓴 것을 말하고, 사주란 생년월일과 시(時)를 간지(干支)로 나타낸 것을 말한다.

납 폐(納弊)

혼례일 전날 신랑 집에서 혼서(婚書)와 혼수(婚需)를 함(函)에 넣어 규수 집에 보내는 것을 납폐라 한다.

납폐는 그 날의 길흉이나 형편에 따라 혼례일 며칠 전에 보내기도 하고, 또는 혼례일에 보내기도 한다.

혼서(婚書)는 가로 72Cm, 세로 36Cm의 백지나 간지를 세로로 아홉 칸으로 접어 양쪽으로 한 칸씩 여백을 남기고 가운데 일곱 칸에 쓴다.

이것을 흔히 혼서지(婚書紙)라고도 한다.

이 혼서를 붉은색 금전지를 네 귀퉁이에 단 검은 비단 겹보에 싸서, 근봉(謹封) 띠를 둘러 편지와 함께 함(函)에 넣는다.

▶ 사성서식 ◀

[서식 ④]

丁卯　丙寅　乙丑　甲子　金海後人　金○○

36 Cm

65 Cm

[서식 ⑤]

甲子 二月 八日 寅時生

※세로36Cm 가로 85Cm의 창호지(지금의 화선지)에 5단
　(1 단에 17Cm씩)으로 접어서 중앙에 신랑의 생년월일을
　세로로 내려 쓴다.

▶ 사성봉투 ◀

[서식 ⑥]

〈앞면〉　　　　　　　　　　〈뒷면〉

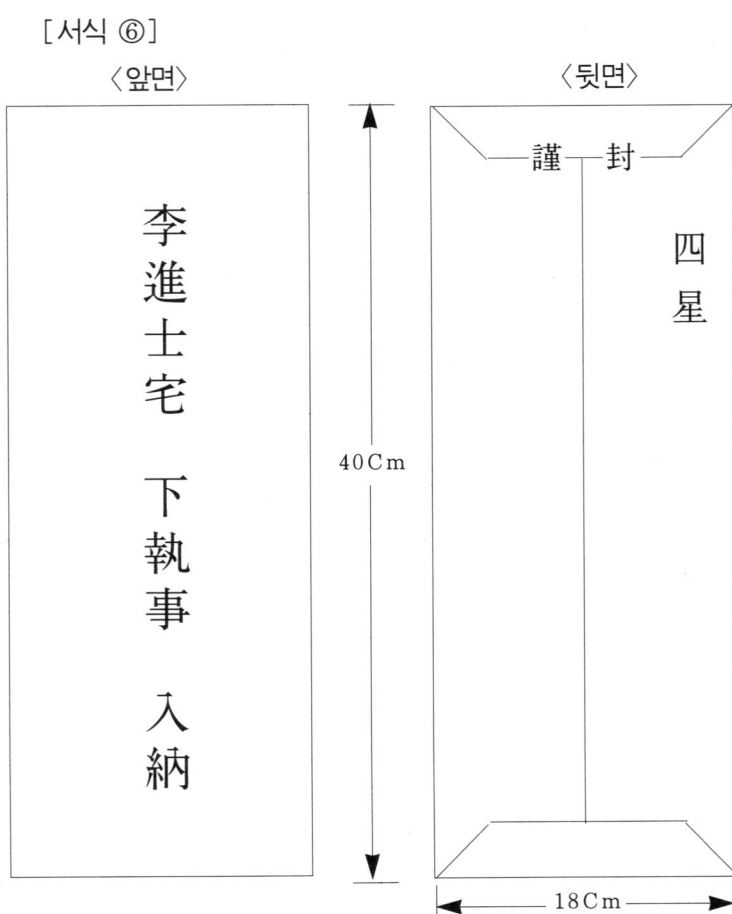

李進士宅　下執事　入納

謹　封

四星

40Cm

18Cm

그리고 그 함을 다홍색 보에 싸고 근봉을 끼운다.

　그러나 때에 따라서는 별도의 함을 준비하지 않고 혼수를 넣는 함의 혼수(婚需) 위에 넣어 보내기도 한다.

▶ 혼서(婚書) 서식 ◀

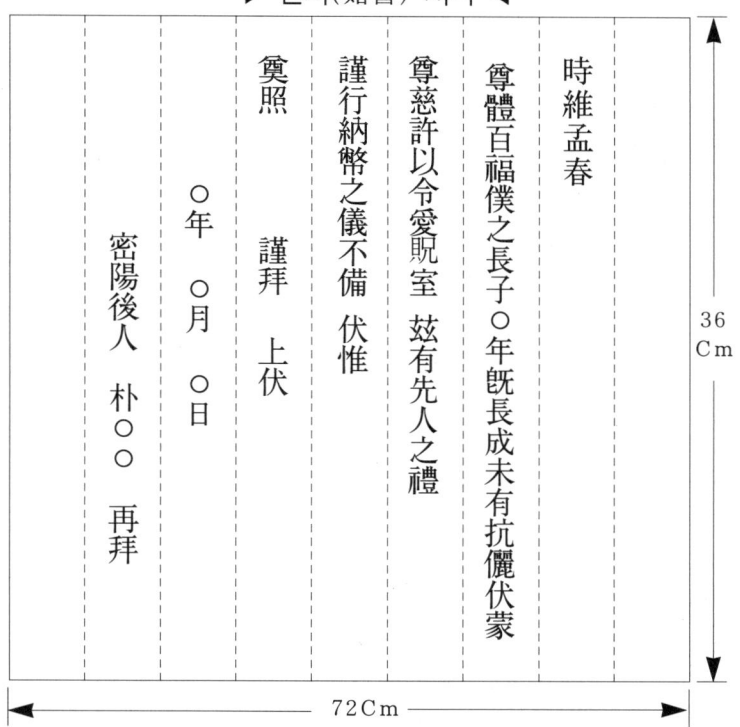

時維孟春

尊體百福僕之長子○年旣長成未有抗儷伏蒙

尊慈許以令愛貺室 玆有先人之禮

謹行納幣之儀不備 伏惟

奠照

謹行納幣之儀不備

謹拜　上伏

○年　○月　○日

密陽後人　朴○○　再拜

36 Cm

72Cm

●해설 : 맹춘지절에 존체 만복하신지요. 저의 아이 배필이
없던 바 사랑하심을 입사와 귀한 따님을 그의 배필로 주시
오니, 이에 어른의 본에 따라 납폐의 예를 드리옵니다. 높
이 살피시옵소서.

신부는 이 혼서를 일생동안 농 깊이 간직하여 두고, 여자가
늙어 죽은 뒤에는 관(棺) 속에 넣는다.

Ⅳ. 용어해설

제례 용어(祭禮用語)

【ㄱ】

가(斝) : 제례에 사용하는 술잔.

가가례(家家禮) : 집집마다 달리 행하는 예법.

가기(家忌) : 집안 조상의 기제사.

가기판(家忌板) : 조상의 제삿날을 적은 종이를 붙여두는 판자.

가마(加麻) : 유복자(有服者)가 임시로 쓰는 두건.

가매장(假埋葬) : 임시로 시체를 묻는 것.

가모(嫁母) : 시집간 어머니.

가빈(家殯) : 집안에 빈소를 차림.

가산(家山) : 한 집안의 묘지(墓地).

가신(家神) : 집에 딸려 집을 지킨다는 신.

갈(碣) : 가첨석(加添石 : 갈석 위에 지붕 모양으로 얹은 돌)을 얹지 않고 머리를 둥그스름하게 만든 작은 비석.

갈대(葛帶) : 상복에 착용하는 칡의 섬유로 만든 띠. 재최·참최의 거상(居喪)에는 졸곡(卒哭) 때 남자는 갈대를 띠고 여자는 마대를 띠며 대동복 이하의 경(輕)한 복제에서는 졸곡 때 남자와 여자 모두 갈대로 바꾼다.

갈장(渴葬) : 예월을 기다리지 않고 급히 지내는 장례.

감실(龕室) : 조상숭배를 위하여 조상의 위패를 모셔서 사당에 넣어두는 작은 집 모양의 장.

감제(監祭) : 제향을 총감독하는 제관.

강복(降服) : 부재모상(父在母喪)에 복을 강쇄하는 것.

강쇄(降殺) : 등급을 따라 내리깎는 것.

강원(岡原) : 산 언덕.

강일(剛日) : 10간의 홀수 날로 굳센 날의 뜻. 일진(日辰)의 천간(天干)이 갑(甲) 병(丙) 무(戊) 경(庚) 임(壬)의 날. 양(陽)에 해당하는 날이므로 바깥일은 이날 하는 것이 좋다고 한다.

개문(開門) : 닫았던 문을 여는 것.

개복(改服) : 옷을 갈아 입다.

개자(介子) : 맏아들〔宗子〕 이외의 모든 아들.

개장(改葬) : 장례한 묘지에서 시신을 발굴하여 다른 묘지로 옮겨 안장하는 것.

갱(羹) : 국.

갱장(更葬) : 다시 장사지내는 것.

거려(居廬) : 상주가 여막에서 거처하는 것.

거애(擧哀) : 애통함을 드러내다.

거촉(擧燭) : 촛불을 켜다.

견전(遣奠) : 영구가 집을 떠날 때 지내는 제사.

경상(輕喪) : 상복을 석 달 동안 입는 상.

경야(經夜) : 장사를 치르기 전에 죽은 사람의 일가 친척들이 밤을 세우며 관 옆에서 지키는 일.

계문(啓門) : 문을 여는 것.

계반개(啓飯蓋) : 밥뚜껑을 여는 것.

계반갱개(啓飯羹蓋) : 밥그릇 뚜껑인 반개와 국그릇 뚜껑인 갱개를 여는 것.

계부(繼父) : 의붓아버지.

계빈(啓殯) : 빈소를 열다.

계상(稽顙) : 거상(居喪) 중에 조객(弔客)에게 절하는 예(禮). 이마를 땅에 대고 머리를 조아릴뿐 예의를 갖추는 모양이 없는 것.

계절(階節) : 묘소의 마당. 곧 무덤 앞에 평평하게 만들어 놓은 땅.

계조(繼祖) : 조부부터 이은 것.

고려장(高麗葬) : 고구려 때 늙고 병든 사람을 넓은 광중(壙中)에 먹을 것과 함께 넣어 두었다가 죽으면 장사지냈다 하여 고려장이라 한다.

고복(皐複) : 초혼하고 발상하는 의식.

고부(告訃) : 사람의 죽음을 알리는 것.

고비(考妣) : 돌아가신 아버지와 어머니.

고손(孤孫) : 아버지가 먼저 돌아간 다음에 할머니는 살아 계시고 할아
　버지가 돌아가셨을 때의 주상인 손자. 곧 장손.

고수(叩首) : 머리를 두드리다.

고애손(孤哀孫) : 아버지가 돌아가시고 다음에 할아버지와 할머니가 모
　두 돌아가셨을 때의 주상인 손자.

고애자(孤哀子) : 외롭고 애달픈 아들이란 뜻으로 양친이 작고하였을
　때 사용한다.

고위(考位) : 돌아가신 아버지로부터 각 대 할아버지 위(位)를 말한다.

고자(孤子) : 외로운 자식이라는 뜻으로 아버지를 여의었을 때의 자칭.

고종명(考終命) : 제 명대로 살다가 편안히 죽음.

고침(藁枕) : 짚베개.

곡(哭) : 상례에서는 상제(喪制)들이 소리내어 우는 일. 『예기(禮記)』에
　서는 소리내어 우는 것을 곡(哭)이라 하고 소리없이 우는 것을 읍(泣)
　이라 하였다.

곡비(哭婢) : 예전에는 장례때 곡성이 끊이지 않도록 상복한 계집종을
　애곡하게 하였는데 이 계집종을 곡비라 하였다.

곡사(哭辭) : 곡하며 작별함.

곡용(哭踊) : 상을 당해 슬픔이 심할 때 큰소리로 울며 몸부림 치는 일.

공최(功衰) : 부모의 3년상에서 소상(小祥)을 지낸 뒤 입는 참최의 상복.

공축(工祝) : 신사(神事)를 맡은 축관.

공포(功布) : 관(棺)을 묻을 때 관을 닦는 삼베 헝겊. 발인할 때 명정과
　함께 세워서 들고 간다.

과두(裹頭) : 시신의 머리를 싸는 베헝겊.

곽명(槨名) : 관(棺)에 쓰는 이름.

관(棺) : 시신을 담는 궤로 천판(天板) 하나, 지판(地板) 하나, 사방판
　(四芳板) 둘로 이루어짐.

관건(冠巾) : 굴건과 두건.

관세(盥洗) : 손을 물로 씻고 수건으로 닦음.

관수(盥水) : 세수대야 물로 손을 씻음.

관재(棺材) : 관(棺) 측면에 부착되는 목재 장식물.

괄발(括髮) : 풀었던 머리를 다시 묶는 것.

광중(壙中) : 시체를 묻는 구덩이.

교(絞) : 시신을 죄어 매는 베를 가리킨다.

교의(交椅) : 신주나 혼백상자를 놓아두는 긴 의자.

구(屨) : 짚신.

구기(拘忌) : 꺼리는 것.

구반경(九飯頃) : 밥을 아홉 숟가락 뜨는 시간.

구산(求山) : 묏자리를 구함.

구찬(具饌) : 제수를 준비하여 조리하는 일.

구천(九泉) : 저승.

국궁(鞠躬) : 읍하는 자세로 허리를 굽히다.

국휼(國恤) : 나라의 상(喪).

굴건(屈巾) : 상주가 두건 위에 덧쓰는 건.

궐명(厥明) : 다음날이 밝을 때.

궤(簋) : 종묘, 문묘 등 나라 제사에 쓰는 기장이나 핍쌀을 담는 제기.

궤고(几告) : 무릎 꿇고 고하다.

궤연(几筵) : 영궤와 혼백, 신주를 모셔 두는 곳.

궤전(饋奠) : 빈소에 제수를 차려 놓은 것.

궤좌(几坐) : 무릎 꿇고 앉다.

귀첩(貴妾) : 사랑하거나 처녀로 시집온 첩.

금(衾) : 소렴금으로 명주로 만든 속이불.

금정기(金井機) : 묏 구덩이를 팔 때 구덩이의 길이와 넓이를 정하는 정 (井)자 모양의 기구.

급묘(及墓) : 상여가 장지에 도착한 것을 말함.

급시(扱匙) : 숟가락을 밥그릇에 꽂는 것.

기년(期年) : 만 1년 1개월.

기신제(忌辰祭) : 사람이 죽은 날 지내는 제사.

기일(忌日) : 사람이 죽은 날.

기일(忌日) : 제삿날.

기제사(忌祭祀) : 해마다 죽은 날에 지내는 제사.

기중(忌中) : 상을 입어 언행, 범절을 삼가는 기간.

길복(吉服) : 평상시의 정복.

【ㄴ】

낙식(落食) : 먹을 것을 떨어뜨림(고시레와 같음).

납주(納主) : 신주 들여 모시기.

내간(內艱) : 모친상, 승중의 할머니의 상사.

내외봉작(內外奉爵) : 안팎에서 잔을 전하는 제관.

노장(路葬) : 처녀, 총각이 성욕을 품고 죽으면 원귀(怨鬼)가 되어 사람
　　을 해친다 하여 사람이 왕래하는 고갯길 마루에 평장으로 묻어 놓는
　　것. 기생도 연고자가 없으면 노장을 하였다.

노제(路祭) : 발인할 때 밖에서 지내는 제사.

뇌주(酹酒) : 술을 조금 따라 삼제주(三祭酒)하는 것.

【ㄷ】

단(壇) : 높게 만든 제(祭) 자리.

단강(短江) : 상여(喪輿)를 멜 때 앞뒤에 사용하는 짧고 굵은 멜대.

단고(單股) : 꼬지 않고 한 가닥으로 튼 동아줄. 수질에 사용.

단괄발(袒括髮) : 옷소매를 빼고 상투를 풀어 묶음.

단표(短表) : 작은 비석.

단헌(單獻) : 제사에 삼헌할 술잔을 단 한번만 함.

답소(答疏) : 답장.

당내(堂內) : 8촌 이내.

당위(當位) : 제사를 지낼 신주.

대곡(大哭) : 큰소리로 슬프게 우는 것.

대공(大功) : 대공친의 상사에 9개월간 입는 굵은베로 지은 상복.

대기(大期) : 대상의 기간.

대기(大忌) : 부모 기일.

대대(大帶) : 도포의 끈.

대렴(大殮) : 소렴한 다음날 시신에게 옷을 거듭 입히고 이불로 싸서 베
　　로 묶는 일.

대렴금(大斂衾) : 시신을 싸는 큰이불.

대상(大祥) : 사망 후 만 2년만에 지내는 제사로서 소상을 지낸 지 1년
　이 되는 날에 지내는 제사로 상례의 마지막에 해당한다.

대여(大轝) : 나라에서 쓰던 큰 상여.

대제(大祭) : 종묘와 사직에 지내는 제사.

대축(大祝) : 제향(祭享)에 축문을 읽는 벼슬.

도(韜) : 신주를 넣어두는 겉뚜껑의 집.

독개(櫝蓋) : 위패함 덮개.

독전(櫝前) : 신주를 교의에 모시고 제탁에 제수를 진설한 앞.

독제문(讀祭文) : 제사 때 쓰는 글. 일종의 축문.

독축(讀祝) : 축을 읽는 것.

독흘(讀訖) : 독축이 끝나는 것.

돈장(敦匠) : 관곽(官槨)에 대한 직책을 담당한 사람.

동강(同岡) : 같은 산줄기.

동곳 : 상투가 풀어지지 않도록 상투에 꽂는 물건.

동심결(同心結) : 두 고를 내고 맞죄어서 매는 매듭으로 염습의 띠를 매
　는 매듭.

동영이실(同塋異室) : 같은 무덤에 광중을 달리함.

동찬(同爨) : 같은 부뚜막이라는 뜻으로, 복이 없는 먼 친척이거나 남일
　지라도 한 집에서 한 솥 밥을 먹으며 지낸 자.

두(斗) : 곡식이나 액체를 되는 제기(祭器)의 하나.

두(豆) : 뚜껑이 달린 제기(祭器)의 하나.

두건(頭巾) : 머리에 쓰는 관.

둔석(窀穸) : 무덤 구덩이.

【ㅁ】

만가(輓歌) : 상여를 메고 묘지로 가기까지 상여꾼이 부르는 가사.

만거(挽車) : 죽은이를 태우고 끄는 수레.

만장(輓章) : 죽은 사람을 애도하며 지은 글을 비단이나 종이에 써서 만
　든 것으로 부조중 만장 부조를 으뜸으로 쳤으며 만장이란 영구를 끌고
　간다는 뜻이다.

망곡(望哭) : 멀리서 바라보며 곡함.

망극(罔極) : 다함이 없음.

망량(魍魎) : 도깨비.

망실(亡室) : 죽은 아내.

망일(亡日) : 죽은 날.

매안(埋安) : 신주를 무덤 앞에 파묻음.

매지(埋誌) : 지석을 묻음.

매혼(埋魂) : 탈상(脫喪) 후 혼백을 묘 옆에 묻는 것.

멱목(幎目) : 염습할 때 얼굴을 가리는 것.

면유(緬惟) : 아득히 헤아림.

명기(明器) : 사자의 영혼을 달래기 위해 무덤 속에 시신과 함께 묻는
식기, 악기, 집기, 무기 따위로 실물보다 작게 만드는 상징물.

명정(銘旌) : 죽은 사람의 품계, 관직, 성씨를 기록한 기.

명조(名祖) : 이름난 조상.

명조(冥曹) : 죽은 사람을 거두는 저승에 있다는 관청.

명지(銘誌) : 묘비에 적는 글.

모사기(茅沙器) : 강신할 때 쓰는 띠의 묶음과 모래.

모선망(母先亡) : 어머니가 먼저 죽음.

목구의(木柩衣) : 광목 널옷.

묘갈(墓碣) : 무덤 앞에 세우는 둥그스름하고 작은 돌비석.

묘도(墓道) : 묘소로 올라가는 길.

묘표(墓表) : 무덤 앞에 세우는 돌을 표석 또는 묘표라고 한다.

무(甒) : 상례(喪禮)에 사용하는 그릇으로 술을 담는 그릇.

무복(無服) : 복이 없음.

무시곡(無時哭) : 정한 때가 없이 아무때나 곡을 하는 것.

묵묘 : 묵는 묘소.

문상(聞喪) : 초상 소식을 들음.

미망인(未亡人) : 아직 죽지 않은 사람.

【ㅂ】

반(飯) : 메. 밥.

반곡(反哭) : 장사를 지내고 돌아와서 가묘에서 곡하는 일.

반함(飯含) : 염습할 때 시신의 입에 쌀과 구슬을 물리는 일.

발상(發喪) : 상제가 머리를 풀고 곡을 하여 초상난 것을 알림.

발인(發靷) : 상여가 상가에서 떠남.

방령(方領) : 명주로 만든 턱받침.

방상씨(方相氏) : 상여의 앞에 가면서 잡귀를 물리치고 광중의 악귀를 쫓는 탈을 쓴 사람.

방손(傍孫) : 지차손. 방계(傍系) 혈족의 자손.

방제(傍題) : 제사를 받드는 사람의 이름.

배이선비(配以先妣) : 돌아가신 어머니를 배향함.

백(魄) : 넋.

백립(白笠) : 하얀 베로 싸개를 하여 상인(喪人)이 쓰던 갓. 관리들이 국상(國喪)을 당했을 때 쓰던 것.

번육(燔肉) : 제사에 쓰고 난 고기.

벌상(伐喪) : 남의 묘지에 몰래 매장하는 사람을 두들겨 몰아내는 일.

범염(氾染) : 초상집에 드나들어서 부정한 것.

범장(犯葬) : 남의 산소의 지경(地境)을 침범하여 장사지냄.

벽사(辟邪) : 사귀(邪鬼)를 물리침.

벽사문(辟邪文) : 사귀(邪鬼)를 물리치기 위해 쓴 글.

벽용(擗踊) : 어버이의 상(喪)을 당하여 슬피 울며 가슴을 침.

변복(變服) : 소복에서 제복으로 갈아입음.

변제(變制) : 심상의 복상을 벗음.

별묘(別廟) : 가묘(家廟)에서 받들 수 없는 신주를 따로 모시던 사당.

별세(別世) : 이 세상을 떠남. 곧 죽음.

병면(餠麵) : 떡과 면.

보(簠) : 제향(祭享)에 기장과 피를 담는 그릇.

보공(補空) : 빈 곳을 메꾸어 채움.

복건(幞巾) : 도복에 맞추어서 머리에 쓰는 건.

복위(復位) : 있던 곳에 가져다 놓음.

복인(服人) : 기년(朞年) 이하의 상복(喪服)을 입는 사람.

복인(服人) : 상복(喪服)을 입은 사람.

복중(服中) : 기년복(朞年服) 이하의 복을 입는 동안.

복차기(服次記) : 상주와 친척들이 입을 상복의 종류와 기간을 적은 명단.

복(服)치마 : 거상(居喪)하는 여자가 복으로 입는 치마.

본생(本生) : 생가.

봉(贈) : 죽은 사람에게 거마(車馬)와 속백(비단) 등을 보내는 것.

봉게(奉揭) : 음복례 후 제수에 쓰인 음식을 나누어 싸서 주는 것.

봉로(奉爐) : 향로를 받드는 제관.

봉묘(封墓) : 무덤 위에 흙을 떠 쌓음.

봉분(封墳) : 흙을 쌓아 올려서 무덤을 만드는 것.

봉분제(封墳祭) : 장사지낼 때 무덤을 만든 뒤 지내는 제사. 평토제(平土祭).

봉사(奉祀) : 조상의 제사를 받드는 것.

봉사손(奉祀孫) : 조상의 제사를 모시는 자손.

봉사조(奉祀條) : 제사지낼 재산 몫.

봉신대(奉神臺) : 죽은 사람의 혼백이 돌아가 의지한다는 곳.

봉심(奉心) : 마음으로 받들어 모심.

봉안(奉安) : 조상의 신주 또는 화상을 받들어 모심.

봉제사(奉祭祀) : 제사를 받들어 모심.

봉행(奉行) : 웃어른이 시키는 대로 좇아 행하다.

봉향(奉香) : 향을 받드는 제관.

부고(訃告) : 사람이 사망한 직후 그 사실을 친척이나 지우(知友)들에게 알리는 서신으로, 부고는 집안으로 들이지 않는 것이라 하여 대문 밖에 둔다.

부당(夫黨) : 시집 가족.

부복(俯伏) : 고개를 숙이고 엎드리다.

부복곡(俯伏哭) : 엎드려 곡하는 것.

부상(父喪) : 아버지의 상사(喪事).

부상(赴喪) : 초상에 감.

부소고(夫昭告) : 지아비가 밝혀 고함.

부음(訃音) : 부고.

부음(訃音) : 부고.

부의(賻儀) : 초상난 집에 부조로 보내는 돈이나 물건.

부장(副葬) : 사람이 죽기 전에 쓰던 여러 가지 패물과 그릇 따위를 무덤에 같이 묻는 것.

부장(附葬) : 합장.

부장기(不杖朞) : 오복의 하나로 재최만 입고 상장을 짚지 않는 1년 동안만 입는 복.

부장품(副葬品) : 예전에 장사지낼 때 시체와 함께 묻던 죽은이가 생전에 쓰던 소지품.

부제(祔祭) : 망인의 신주를 사당에 입적시키는 제사.

부조기(扶助記) : 답지한 부의와 물품 등을 기록하는 대장. 부의록(賻儀錄).

부좌(祔左) : 부부(夫婦)를 합장(合葬)하는데 아내를 남편의 왼편에 묻는 것.

부판(負版) : 등에 붙이는 베.

북망산천(北邙山川) : 무덤이 많은 곳. 사람이 죽어서 가는 곳.

분묘(墳墓) : 시체를 묻는 곳.

분상(奔喪) : 객지에 나가 있는 자손들이 부모 사망소식을 접하고 곡을 하고 환가(還家)하는것.

분상(墳上) : 무덤의 봉긋한 부분.

분축(焚祝) : 축(祝)을 불사르는 일.

분향(焚香) : 향을 피우다.

불삽(黻翣) : 아(亞)자 모양을 그린 널조각에 자루를 달아서 발인 때 상여 앞뒤에 세우고 가는 제구.

불천위(不遷位) : 집안에 큰 공훈이 있는 사람으로서 신주를 묻지 않고 사당에 영구히 두면서 제사를 지내는 것으로 이 신위를 불천위, 불천지위라 하며 나라로부터 허락을 받는다.

비위(妣位) : 돌아가신 어머니로부터 그 이상의 각 대 할머니의 위(位)를 비위(비位)라고 한다.

비자(卑者) : 항렬이나 나이가 낮음.

빈소(殯所) : 상중에 영위(靈位)를 모셔 두는 곳.

빙시(憑尸) : 시신에 의지하는 것.

【ㅅ】

사갑제(祀甲祭) : 죽은이의 회갑을 제사하는 것.

사기(私忌) : 사갓집의 기제.

사당(祠堂) : 조상의 혼백을 모셔 두는 곳으로 신주·향로·젯상 등이
　　마련되어 있으며, 사람이 죽으면 혼백 신주를 상청에 모시고 제사를
　　올리다가 상기(喪期)가 끝나면 신위를 사당으로 모신다.
사상(死相) : 죽은 사람의 얼굴.
사서(司書) : 상례의 전 과정에서 소요되는 문서를 작성하고 필사하는
　　소임.
사세(辭世) : 죽어 세상을 떠남.
사소(死所) : 죽을 자리.
사손(死孫) : 봉사손(奉祀孫).
사시(死時) : 죽을 때.
사신(辭神) : 신을 보내는 마지막 작별인사.
사십구제(四十九祭) : 사람이 죽어 49일 되는 날. 칠칠일(七七日).
사우(祠宇) : 사당집.
사자(嗣子) : 맏아들.
사준(司遵) : 술을 따르는 직책.
사즉동혈(死則同穴) : 죽어서 남편과 아내가 같은 무덤에 묻히는 것.
사지오등(死之五等) : 사람의 신분에 따른 죽음의 다섯 등급. 천자는 붕
　　(崩), 제후는 훙(薨), 대부는 졸(卒), 선비는 불록(不祿), 서인(庶人)
　　은 사(死)라 함.
사초(莎草) : 산소에 띠를 입히고 손질을 새로 하는 것.
사판(祠板) : 신주.
사화(司貨) : 부의접수 등 상가의 제반경리의 출납을 담당하는 직책.
사후토(祠后土) : 사당에 흙을 올림.
삭망(朔望) : 초하루와 보름.
삭일(朔日) : 음력의 매달 초하룻날.
삭전(朔奠) : 상가(喪家)에서 음력 초하룻날 조상에게 지내는 제사.
삭제(朔祭) : 왕실(王室)에서 음력 초하루마다 조상에게 지내는 제사.
산릉(山陵) : 국장(國葬)을 하기 전에 아직 이름을 짓지 않은 새로운 능.
산신목(山神木) : 무덤을 보호하기 위해 무덤 근처에 심는 나무[음(陰)
　　의 나무인 향나무, 꽃나무 등은 심지 않는다].
산신제(山神祭) : 산신에게 지내는 제사.
산안(山眼) : 묏자리를 알아보는 눈.

산운(山運) : 묏자리가 좋고 나쁨에 따라 생긴다는 운수.

산재(散齋) : 제사전에 목욕재계 하는 일.

삼구부동총(三九不動塚) : 음력 3월과 9월에 무덤을 건드리면 재앙(災殃)이 있다 하여 무덤 옮기기를 꺼리는 일.

삼년상(三年喪) : 세 해 동안의 거상(居喪)을 말하는 것으로 자식이 태어난 지 3년(만 2년)이 된 뒤에라야 부모의 품을 떠나기 때문에 적어도 젖을 먹이며 키워 주셨던 3년 동안만이라도 돌아가신 부모를 위해 효를 다해야 한다는 뜻.

삼상(三殤) : 미성년자가 죽었을 때 분류하는 것으로 하상·중상·장상을 통틀어 이르는 말. 하상은 8세에서 11세 사이에 사망한 것, 중상은 12세에서 15세 사이에 사망한 것, 장상은 16세에서 19세에 사망한 것을 말한다.

삼상향(三上香) : 분향(焚香)할 때 향을 세 번 집어 불에 사르는 일.

삼일곡(三日哭) : 상제가 3일 동안 그치지 않고 곡하는 일.

삼일장(三日葬) : 죽은 지 3일만에 지내는 장사.

삼제반(三除飯) : 밥을 세 번 떠서 숙냉하는 것.

삼헌(三獻) : 제사 때 술잔을 세 번 올리는 일.

삼헌관(三獻官) : 초헌관, 아헌관, 종헌관의 세 헌관.

삼혼(三魂) : 사람의 몸속에 있다고 하는 태광(台光), 상령(爽靈), 유정(幽精)의 세 가지 정혼(精魂).

삼혼칠백(三魂七魄) : 사람의 혼백의 총칭.

삼희흠(三噫歆) : 기침을 세 번함.

삽시(插匙) : 제사 때 숟가락을 밥그릇에 꽂는 일.

상(喪) : 부모. 승중의 조부모, 증조부모, 고조부모와 맏아들에 대한 의례.

상(祥) : 소상과 대상의 총칭.

상가(喪家) : 초상난 집.

상관(喪冠) : 상주의 관.

상구(喪具) : 장사지낼 때 쓰는 제구.

상기(喪期) : 상복을 입는 동안.

상도가(喪都家) : 상여를 두는 집.

상두꾼 : 상여꾼.

상두받잇집 : 지나가는 상여(喪輿)가 그 집 대문과 마주쳤다가 돌아 나

가게 된 집. 풍속으로 꺼리는 집.

상두복색 : 상여를 꾸밀 때 치는 오색비단의 휘장.

상례(喪禮) : 상제(喪制)로 있는 동안에 행하는 모든 예절.

상립(喪笠) : 방갓.

상망(喪亡) : 잃어 버림.

상명(喪明) : 아들이 상사(喪事)를 당함.

상묘(相墓) : 지관(地官)이 묘지를 가려 잡거나 쓴 묘를 감정하는 일.

상문(喪門) : 극히 흉한 방위.

상문살(喪門煞) : 사람의 죽은 방위로부터 퍼진다는 살.

상배(喪配) : 홀아비가 됨. 상처(喪妻).

상복(喪服) : 상주의 옷. 상중에 입는 옷. 성긴 베로 지으며 바느질을 곱게 하지 않는다.

상복(殤服) : 여덟 살부터 열아홉 살까지 사이에 죽은 자녀(子女)에 관한 복제(服制).

상부(喪夫) : 남편의 상고(喪故)를 당함.

상비(喪費) : 초상에 드는 모든 비용.

상사(殤死) : 20세 미만에, 어려서 죽음.

상사(喪事) : 초상이 난 일.

상생(象生) : 망자가 살아 있는 것 같이 본뜸.

상석(床石) : 무덤 앞에 제물을 차려 놓는 돌상.

상수(喪需) : 초상 치르는 데 드는 물건.

상시(上匙) : 숟가락을 멧밥 위에 올리는 일.

상식(上食) : 상가(喪家)에서 아침 저녁으로 궤연 앞에 올리는 음식.

상여(喪輿) : 시체를 묘지까지 나르는 제구.

상엿소리 : 행상(行喪) 때 상여꾼들이 부르는 구슬픈 소리.

상장(喪章) : 거상이나 조상(弔喪)의 뜻으로 웃옷의 가슴부분에 나타내는 표시.

상장(喪杖) : 상제가 짚는 지팡이. 부상(父喪)에는 대나무, 모상(母喪)에는 오동나무를 씀.

상장(喪葬) : 장사지내는 일과 상중에 하는 모든 예식.

상장지절(喪葬之節) : 장사 또는 삼년상의 모든 절차.

상제(喪制) : 부모나 아버지가 세상을 떠난 뒤에 조부모의 상중에 있는 사람.

상제(喪祭) : 장사 뒤에 지내는 제사.

상좌(尙左) : 왼쪽을 위로 숭상함.

상주(喪主) : 상사(喪事)의 중심이 되는 상인(喪人), 망자의 장자가 되는 것이 원칙.

상준(上樽) : 제사 때 상위(上位)에 놓는 주준(酒樽 : 술통).

상차(喪次) : 사랑채의 허름한 방을 정해 놓고 상주가 탈상할 때까지 기거하는 장소.

상채(喪債) : 상례를 치르기 위해 진 빚.

상처(喪妻) : 홀아비가 됨.

상청(喪廳) : 궤연.

상측(喪側) : 시체가 있는 곁.

상포(喪布) : 초상(初喪) 때 쓰는 포목.

상행(喪行) : 장사지내려고 묘지로 가는 행렬.

상향곡(相向哭) : 서로 마주보고 곡하는 일.

색양(色養) : 기색을 살펴 봉양함.

생기(生忌) : 생신 제사.

서손부(庶孫婦) : 서출의 손자며느리.

석곡(夕哭) : 상제가 소상(1년 동안)까지 저녁 때마다 영전에 하는 곡.

선롱(先瓏) : 선대의 무덤.

선부군(先府君) : 돌아가신 아버지.

선장위(先葬位) : 먼저 장사한 위.

설단(設壇) : 시신이 없는 묘소를 만드는 일.

설치(楔齒) : 염습하기 전 입에 낟알을 물리려고 시체의 입을 벌리는 일.

성복(成服) : 초상이 났을 때 상복을 처음 입는 일.

성분(成墳) : 봉분.

성빈(成殯) : 빈소를 차림.

세제(世祭) : 대대로 제사함.

소(疏) : 조상하는 글.

소공(小功) : 소공친의 상사에 다섯달 동안 입는 상복.

소기(素器) : 장식이 없는 그릇.

소렴(小殮) : 시신을 옷과 이불로 싸는 일.

소렴금(小殮衾) : 시신을 싸는 이불.

소렴포(小殮布) : 시신을 싸는 베.

소목촉대(素木燭臺) : 장식 없는 나무 촛대.

소세(梳洗) : 머리를 빗고 낯을 씻다.

소의(素椅) : 장식이 없는 의자. 영좌를 설치할 때 사용하는 도구.

소족(疎族) : 수양가의 친족. 촌수가 먼 일가.

소탁(素卓) : 장식이 없는 탁자. 영좌를 설치할 때 필요한 도구.

소향안(素香案) : 영좌를 설치할 때 설치하는 흰 향탁.

소후모(所後母) : 양어머니.

속광(屬纊) : 사람이 숨을 거둘 때가 되었다고 판단되면 사람의 입优 위
　에 고운 솜을 올려 놓고 완전히 숨을 거두었는지 지켜 보는 것.

속포(束布) : 시신을 가로로 묶는 데 쓰이는 한지나 삼베.

솔발(率鈸) : 놋쇠로 만든 흔들어서 치는 종으로 요령이라고 하며 상행
　(喪行)에 사용.

송종(送終) : 마지막을 보내는 것.

수(嫂) : 형제의 아내.

수묘인(守墓人) : 묘지기.

수세거두기 : 운명을 하면 바로 햇솜으로 입과 코, 귀 등을 막고 손발을
　펴게 하는데 이를 수세 거두기라 함.

수시(收屍) : 고복(皐復)이 끝난 뒤 시신이 굳기 전에 시신의 손발을 펴
　서 시신을 끈으로 대충 묶는 것.

수시(收屍) : 시신을 바르게 잡음.

수양자(收養子) : 남의 아이를 자기 성으로 입양시킨 아들.

수의(壽衣) : 죽은 사람에게 입히는 옷.

수조(垂條) : 드리워진 실띠.

수조(受胙) : 제사를 지낸 뒤에 제관(祭官)이 번육을 나누어 받드는 일.

수조석(受胙席) : 제사 음식을 나누는 돗자리.

수조쟁반(受胙錚盤) : 수조 음식을 담는 쟁반.

수주정(壽酒亭) : 술그릇을 올려놓는 탁자.

수질(首絰) : 상제가 상복을 입을 때 머리에 두르는 짚과 삼으로 만든 테.

숙(叔) : 남편의 형제.

숙냉(熟冷) : 제사 때 올리는 냉수.

숙세포(熟細布) : 가는 삼베.
순장(殉葬) : 죽은 사람 매장시 산 사람을 함께 매장하던 일.
순장(旬葬) : 죽은 지 열홀만에 지내는 제사.
순지(純至) : 순수하고 지극함.
습전(襲奠) : 습이 끝나면 올리는 전(奠).
승구(繩屨) : 새끼를 꼬아서 단단히 만든 짚신.
승적(承嫡) : 적통을 이음.
승중(承重) : 장자가 없을 때 장손(長孫)이 아버지를 대신하여 상주가
　되는 것.
시도(時到) : 때가 옴.
시마(緦麻) : 종증조, 삼종형제, 중증손, 중현손의 상사에 석 달 동안 입
　는 상복.
시상(屍床) : 시신(屍身)을 널 위에 올려놓는 것.
시상판(屍床板) : 입관(入棺) 전에 시신을 얹어놓는 긴 널.
시저(匙箸) : 숟가락과 젓가락.
시제(時制) : 4대봉사가 끝나면 시제로 모시는데 다른말로 묘사, 시향이
　라고도 하며 5대조 이상은 대개 10월 상달에 시제로 모신다.
시조(始祖) : 한 족속의 맨 위의 조상.
실당(室堂) : 집의 대청.
실로(室老) : 집안의 노인.
실토(實土) : 광중을 흙으로 채움.
심상(心喪) : 복(服)을 입지 않고 마음으로 근신하는 것.
심제인(心制人) : 마음으로 상제가 된 사람.

【ㅇ】

아헌관(亞獻官) : 제사를 지낼 때 두번째로 술잔을 올리는 제관.
악수(幄手) : 소렴할 때 시신의 손을 가리는 헝겊.
악차(幄次) : 천막.
알묘(謁廟) : 사당을 배알하는 것.
압사(壓死) : 위험한 곳에 찾아가 죽음.
앙장(仰帳) : 천장이나 상여 위에 치는 휘장.

애곡(哀哭) : 슬퍼하여 흐느껴 울다. 부모의 상(喪)에 우는 울음.

애자(哀子) : 애달픈 아들이란 뜻으로 어머니가 돌아갔으면 애자라 지
칭한다.

엄광(掩壙) : 광중을 덮어 가림.

여막(廬幕) : 무덤 가까이에 짓고 상제가 거처하는 초가.

여모(女帽) : 여자의 시신을 염습할 때 머리에 싸는 베.

여묘(廬墓) : 상제가 무덤 가까이에 여막을 짓고 살며 무덤을 지키는 일.

여일(餘日) : 입후자가 3년 복기에서 실제로 복상하지 못하고 남은 기일.

역복(易服) : 거상 동안이나 탈상 때 옷을 바꿔 입는 일.

염구(殮具) : 대렴할 때 쓰이는 기구.

염포(殮布) : 염하여 매는 베.

영(纓) : 관을 매는 끈.

영여(靈轝) : 상여.

영역(塋域) : 무덤 구역.

영좌(靈座) : 빈소. 영위를 모셔놓는 자리.

외간(外艱) : 아버지의 상사. 아버지가 없을 때 할아버지 상사.

외결관(外結棺) : 관의 밖을 묶는 것.

외사(外死) : 겁에 질려 자살함.

외생(外甥) : 사위.

요대(腰帶) : 허리띠.

요여(腰輿) : 장사지낸 뒤에 혼백과 신주를 모시고 돌아오는 소여.

요제(遙祭) : 멀리서 바라보며 제사함.

요질(腰絰) : 상복을 입을 때 허리에 두르는 띠. 띠에 삼을 섞어 동아줄
같이 만든다.

용(踊) : 뛰며 곡하다.

우제(虞祭) : 우(虞)는 염려한다는 뜻으로 혼신을 편안하게 해준다는 의
미이다. 우제는 초우, 재우, 삼우를 총칭하며 초우는 장사를 치른 당일,
재우는 초우제를 모신 다음 유일의 새벽에 지내는 제사, 삼우제는 재
우제를 지낸 다음 강일의 새벽에 지내는 의식 절차이다.

우족조(右足爪) : 오른쪽발의 발톱.

우존작(右尊爵) : 오른쪽에서 잔을 받아 올리는 제관.

운감(殞感) : 제사 음식을 귀신이 맛보다.

운구(運柩) : 관을 옮기다.

운명(殞命) : 죽음. 명이 끊어지다.

운삽(雲翣) : 발인(發靷) 때의 상여 앞뒤에 들고가는 구름 형상을 그린 부채 모양의 제구.

위소(慰疏) : 조문 편지.

위패(位牌) : 죽은 사람의 계명(戒命) 기진(忌辰)을 써서 적은 나무패.

유소(流蘇) : 기(旗)나 승교(乘轎) 따위에 다는 오채(五彩)실로 된 수술.

유시(柳匙) : 버드나무로 만든 숟가락.

유식(侑食) : 종헌이 끝난 후 신위에게 음식을 권하는 절차.

유언(遺言) : 임종 때 자손들에게 부탁하는 말.

유의(遺衣) : 망인이 입던 옷.

유일(柔日) : 부드러운 날의 뜻으로 음수(陰數)의 날. 10간(干)의 갑·을·병·정·무·기·경·신·임·계에서 순서로 음인 짝수에 해당하는 을정기신계(乙丁己辛癸)가 들어가는 날은 유일이다.

윤(閏)달 : 윤년에 드는 달. 태양력에서는 2월이 평년보다 하루 더 많은 29일로 하고 태음력에서는 평년보다 한 달을 더하여 윤달을 만들었다. 태음력에는 19년에 7번의 윤달을 두었다.

은정(隱釘) : 나무 못.

음복(飮福) : 제사를 지내고 난 뒤에 제관들이 제수를 나누어 먹는 것.

읍(揖) : 반절.

의려 : 부모의 상중에 상주가 거처하는 막.

이(履) : 망자(亡者)가 신는 신발.

이성(利成) : 제사를 마쳤다고 고하는 말.

익사(溺死) : 물에 빠져 죽음.

인례(人禮) : 종묘같은 곳에서 제사지내는 예.

인산(因山) : 임금의 발인.

일곡(一哭) : 한 차례 곡함.

일헌(一獻) : 한 잔만 올림.

임사(臨死) : 죽을 고비에 이르다.

임종(臨終) : 숨을 거두는 순간. 부모가 돌아갈 때 모시고 있는 것.

입곡(入哭) : 우제, 졸곡, 소상, 대상 등 제사전에 먼저 슬프게 곡하는 것.

입관(入棺) : 시체를 관 속에 넣는 일.

【ㅈ】

자향로(磁香爐) : 자기로 만든 향로.

작(爵) : 제사에 쓰이는 술잔.

작헌(爵獻) : 술잔을 올림.

장(杖) : 지팡이.

장 : 무덤을 세는 단위.

장구(葬具) : 장례에 쓰이는 온갖 기구.

장군석(將軍石) : 무덤 앞에 세우는 돌 사람.

장기(杖朞) : 지팡이를 집고 재최로 1년 동안 입는 상복.

장례(葬禮) : 장사지내는 예절.

장례식(葬禮式) : 장사지내는 의식.

장사(葬事) : 시체를 묻거나 화장하는 일.

장의행렬(葬儀行列) : 장사지내러 가는 상여 뒤에 길게 늘어서 따라가는 회장(會葬)자들의 행렬.

장지(葬地) : 장사할 땅. 매장한 땅. 묘지.

장찬자(掌饌者) : 제수를 마련하는 사람.

장포(長布) : 시신을 세로로 묶는 포.

재계(齋戒) : 제를 행하는 사람이 마음과 몸을 깨끗이 하고 음식과 행동을 삼가며 부정을 피하는 것.

재기(再期) : 2주년.

적(滴) : 앞 어깨쪽에 붙이는 베.

적(炙) : 제상에 올리는 대꼬챙이에 꿰어서 불에 구운 어육.

적모(嫡母) : 서자의 본실 어머니. 본부인.

적손(嫡孫) : 서출이 아닌 적출의 손자.

적자부(嫡子婦) : 큰며느리.

전(奠) : 영상(靈床)에 조석으로 주과포(酒果脯)를 올리는 것(발상한 뒤부터 발인전까지 전을 올림), 산 자에게 행하는 것과 같은 예.

전부(奠賻) : 부의금을 올림.

전인부고(專人訃告) : 부고를 사람이 직접 전하는 것.

전작례(奠酌禮) : 왕 또는 왕비가 되지 못하고 죽은 조상이나 왕자 왕녀를 위하여 임금이 친히 지내는 제사.

절관(節棺) : 관을 백지로 감은 새끼로 한 가닥을 만들어 세로로 한 번 묶고 가로로 일곱 개를 묶는 것을 말함.

절의(節儀) : 절개와 의리.

정령(精靈) : 육체를 떠난 사람의 혼백.

정시저(正匙箸) : 시접에 놓인 순가락과 젓가락을 바르게 고쳐 올려놓음.

정우(丁憂) : 부모의 상사를 당함.

정의(正衣) : 소렴시 맨 겉에 입히는 정복.

정저(正箸) : 젓가락을 바르게 고르는 일.

정침(正寢) : 제사나 일을 잡아 하는 몸체의 방으로 집 안채의 큰 방(제사를 지내는 몸체의 방).

제각(祭閣) : 무덤 근처에 제청(祭廳)의 소용으로 지은 집.

제관(祭官) : 제사를 맡는 소임.

제구(祭具) : 제사에 쓰는 모든 기구.

제기(祭器) : 제사 때 쓰는 그릇.

제단(祭壇) : 제사를 지내는 단.

제답(祭畓) : 수확물을 조상의 제사에 쓰려고 마련한 논.

제례(祭禮) : 제사의 예절.

제례악(祭禮樂) : 문묘, 종묘의 봄·가을 사대제(四大祭)에 쓰는 음악.

제명정(題銘旌) : 제사 때 쓰는 명정.

제목주(題木主) : 신주를 말함.

제병(祭屛) : 제사 때 치는 병풍.

제부(諸父) : 백부·숙부·당숙부.

제사(祭祀) : 신령에게 음식을 바쳐 정성을 표하는 의식.

제상(除喪) : 상기를 마치거나 또는 복상을 도중에서 그만두어 상을 벗음.

제석(祭席) : 제사 때 까는 돗자리.

제수(祭需) : 제사에 쓰는 여러 가지 물건이나 음식.

제장(祭場) : 제사지내는 장소.

제절(祭節) : 제사지내는 절차.

제주(題主) : 신주(神主)에 글씨를 쓰는 직임.

제축문(祭祝門) : 제사를 지낼 때 신명에게 고하는 글.

제향(祭享) : 제사.

제향(祭香) : 제사에 쓰이는 향.

조(旒) : 거북과 뱀을 그린 검은 기로 운구 때 앞에 세움.

조객록(弔客錄) : 부상(父喪)시 조문온 빈객들의 이름을 적는 대장.

조곡(朝哭) : 상제가 소상까지 날마다 아침에 하는 곡.

조대(絛帶) : 두루마기끈.

조물(助物) : 지차집에서 제물을 돕는 것.

조빈(造殯) : 염 등 시신에 관한 처리를 담당하는 일.

조사(弔詞) : 조문하는 뜻을 표하는 글.

조상(弔喪) : 죽음에 대하여 애도의 뜻을 표함.

조서(弔書) : 조문(弔問)의 뜻을 적은 편지.

조석곡(朝夕哭) : 소상 전에 조석으로 궤연 앞에 하는 곡.

조석전(朝夕奠) : 장사 전에 날마다 조석으로 시체 옆에 주과를 놓는 일.

조신(朝神) : 조상이 되는 신.

조위록(弔慰錄) : 모상(母喪)시 조문온 빈객들의 이름을 적는 대장.

조장(弔狀) : 간찰의 일종으로 부고를 받은 사람이 사정이 있어 직접 조
문하지 못할 경우 보내는 조상하는 글.

조조(朝祖) : 영구를 청사로 옮기기 전에 사당의 조상들에게 하직인사를
하는 것.

존항(尊行) : 항렬이 높음.

졸(卒) : 마침.

졸곡(卒哭) : 삼우제를 지낸 뒤에 지내는 제사로 사람이 죽은 지 석 달
만에 지내는 제사로 곡하고 우는 것을 마친다는 뜻이다.

종계(宗系) : 종가의 혈통.

종문(宗門) : 종가의 문중(門中).

종중산(宗中山) : 한 문중의 조상을 모신 산.

종헌관(終獻官) : 제사를 지낼 때 세번째로 술잔을 올리는 제관.

좌곡(坐哭) : 약간 엎드린 자세로 꿇어앉아 곡함.

좌수조(左手爪) : 왼손의 손톱.

좌존작(左尊爵) : 왼쪽에서 잔을 받아 올리는 제관.

주감(主龕) : 신주가 있는 감실.

주갑(主匣) : 혼독.

주과포혜(酒果脯醯) : 술, 과실, 포, 식혜로 간단하게 차린 제물.

주빈(主賓) : 빈객을 접대하는 예를 맡는 것으로 친척 중 명망있는 사
　람으로 정한다.

주사(主祀) : 제사의 주인.

주손(胄孫) : 대(代)를 잇는 직계장손.

주자(注子) : 손잡이와 출구가 따로 달린 술병.

주주(注酒) : 술을 따르다.

주탁(注卓) : 술병 등을 놓는 탁자.

주합(酒盒) : 술을 담는 쇠붙이로 만든 그릇.

주항(酒缸) : 술을 담는 항아리.

중손(衆孫) : 장손이 아닌 손자.

증직(贈職) : 사후에 추증한 벼슬.

지곡(止哭) : 곡을 그침.

지구의(紙柩衣) : 종이로 된 널옷으로서 널을 싸는 홑이불.

지목(支木) : 관을 받쳐 놓는 나무.

지석(誌石) : 죽은 사람의 인적사항이나 무덤의 소재지를 기록하여 땅에
　묻는 것을 말하며 재료는 돌, 백자를 사용하는데 지석에 기록되는 내
　용은 망자의 본관, 이름, 무덤의 소재와 좌향, 가족관계, 출생일과 사망
　일을 적는다.

지욕(地褥) : 시신을 관에 넣을 때 밑에 까는 겹이불.

지자(支子) : 장자가 아닌 아들.

지천(祗薦) : 정성껏 올림.

진기(陳器) : 제구와 제기의 설비.

진다(進茶) : 숭늉 올리기.

진설(陳設) : 제기들을 설치한 후 제수를 제상에 진설하는 일.

진설(陳設) : 제사에 음식을 갖추어 상을 차림.

진숙수(進熟水) : 숭늉을 올려놓음.

진찬(進饌) : 제사지낼 때 어(魚), 육(肉) 등 주식을 제상에 진설.

질명(質明) : 해뜰 무렵.

집례(執禮) : 제향 때 예식을 집행하던 임시 소임.

집사(執事) : 집안일을 맡아보는 사람.

집사분정기(執事分定記) : 상장례의 일을 담당할 사람들의 임무를 분장
　하는 명단.

집상(執喪) : 부모의 거상(居喪) 중에 지키는 예절.

【ㅊ】

찬시(饌侍) : 한 솥 밥을 먹은 자에게 시마 3월복을 입는 것.

참최(斬衰) : 외간상에 입는 오복의 하나 거친 베로 직소 아랫단을 꿰매지 않은 상복.

창홀(唱笏) : 홀기를 외치는 사람.

천개(天蓋) : 관 뚜껑.

천광(穿壙) : 구덩이를 파는 일.

천구(遷柩) : 장례 전일 영구를 빈소에서 청사로 옮기는 일. 영구(靈柩)를 상여로 옮기는 것.

천금(天衾) : 시신을 덮는 이불.

천시(遷屍) : 시체를 옮기는 것.

천신(薦新) : 새로운 음식을 만들거나 사왔을 때 빈소에 올려 놓았다가 물리는 것.

철갱(撤羹) : 국을 치움.

철전(撤奠) : 전을 거둠.

첨작(添酌) : 종헌(終獻) 드린 잔에 다시 술을 가득 채우는 것.

체백(體魄) : 땅 속에 묻은 송장.

초교(草轎) : 삿갓가마. 초상중 상제가 타는 가마. 가마 가장자리에 흰 휘장을 두르고 위에 큰 삿갓을 덮음.

초상(初喪) : 사람이 죽어서 장사지낼 때까지의 기간.

초숙포(稍熟布) : 조금 성글게 익힌 삼베.

초종(初終) : 초상이 난 뒤부터 졸곡(卒哭)까지의 과정을 일컬음.

초헌관(初獻官) : 제사 때 첫번째로 술을 신위에 올리는 제관.

초혼(招魂) : 죽은 사람의 흐트러진 혼을 부르는 것.

최(衰) : 앞가슴에 붙이는 베.

추모(追慕) : 죽은 사람을 사모함.

추복(追服) : 상(喪)을 당하였을 때 사정이 있어 상복을 입지 못하다가 나중에 상복을 입음.

추선(追善) : 죽은 사람의 명복을 빌기 위해 착한 일을 하는 것.

추송(追送) : 죽은 뒤에 그 공적, 선행을 칭송하는 것.

추조(追造) : 뒤늦게 만듦.

축관(祝官) : 축(祝)을 쓰고 읽는 직책.

축문(祝文) : 제사 때 신명에게 고하는 글.

축주(祝酒) : 제사 때 세번째 올리는 잔의 술을 모사(茅沙)에 조금 따름.

축철(祝綴) : 상장례를 치르는 사이에 읽어야 하는 모든 축문을 써서 책으로 맨 것.

출계(出系) : 양자로 들어간 것.

출관(出棺) : 출상하기 위하여 관을 집 밖으로 내감.

출구(出柩) : 이장(移葬) 때 무덤에서 관을 꺼냄.

출주(出主) : 사당이나 궤연에서 신주를 모셔냄.

충관(充棺) : 관을 채우는 것.

충비(充鼻) : 솜으로 만든 코막이.

충이(充耳) : 솜으로 만든 귀막이로 시신의 귀에 솜을 메움.

충혼(忠魂) : 충성을 다하기 위하여 죽은 사람의 넋.

취토(取土) : 장사지낼 때 광중(壙中)의 네 귀에 놓은 길방(吉方)에서 떠온 흙.

치관(治棺) : 관을 만드는 일.

치산(治山) : 산소를 매만져서 다듬음.

치위(致尉) : 상중(喪中)에 있는 사람을 위로함.

치장(治葬) : 장지로 가서 매장하는 절차.

친기(親忌) : 부모의 제사.

친상(親喪) : 어버이의 상사.

칠백(七魄) : 죽은 사람의 몸에 남아 있는 일곱 가지의 정령. 귀가 둘, 눈이 둘, 콧구멍이 둘, 입이 하나.

칠성판(七星板) : 염습할 때 시신 밑에 까는 널판지로 북두칠성 모양을 본따서 일곱 구멍을 뚫음.

【ㅌ】

탈복(脫服) : 복을 벗다.

탈상(脫喪) : 어버이의 삼년상을 마치다.

택일(擇日) : 날을 잡다.
토롱(土壟) : 임시로 흙을 모아 간단히 만든 무덤.
통혈(通穴) : 광중을 서로 터놓음.

【ㅍ】
폭시(暴屍) : 시신을 드러내 놓다.
피발(被髮) : 머리를 풀다.

【ㅎ】
하관(下棺) : 관을 광(壙) 안에 내리다.
하시(下匙) : 숟가락을 내리다.
하시저(下匙箸) : 수저를 뽑아 제자리에 놓다.
합문(闔門) : 문을 닫다.
합반개(闔飯蓋) : 밥뚜껑을 덮다.
합사(合祀) : 둘 이상의 죽은 사람의 넋을 한 곳에 모아 제사함.
합장(合葬) : 여러 사람의 주검을 한 무덤 속에 묻음. 부부의 시체를 한
  무덤 속에 묻다.
합폄(合窆) : 함께 묻다.
항려(伉儷) : 배필.
행전(行纏) : 다리를 싸매는 베.
향궤(香櫃) : 향을 담는 궤.
향도(香徒) : 상여를 메는 상두꾼.
향로(香爐) : 향을 피우는 조그만 그릇.
향사(享祀) : 제사.
향상(香床) : 향로나 향합을 올려놓는 상.
향촉(香燭) : 제사에 쓰이는 향과 촉.
향축(香祝) : 제사에 쓰는 향과 축.
향취(香臭) : 향냄새.
향탕수(香湯水) : 염습할 때 시신을 씻기 위해 향을 넣어 달인 물.
향함(香函) : 향을 담는데 쓰는 함. 향합(香盒).

허위(虛位) : 신주가 없는 빈 교의.

헌관(獻官) : 제사 때 임시로 임명하는 제관.

헌작(獻酌) : 제사(祭祀)에 술잔을 올리다.

현주(玄酒) : 정화수.

협사(祫事) : 처음 제사로서 조상께 올리는 것과 같은 제사.

협향(祫享) : 신주를 사당에 합사하여 제향함.

호곡(號哭) : 소리내어 곡하는 일.

호상(護喪) : 상(喪)의 전반을 집행하는 사람.

혼백(魂魄) : 넋.

혼백(魂帛) : 신주를 만들기 전에 모시는 생(生) 명주조각을 접어서 만
드는 임시의 신위(神位).

혼백함(魂帛函) : 혼백을 담아두는 함.

혼유석(魂遊石) : 상석의 뒤와 무덤의 앞에 놓는 장방형의 돌.

혼천백지(魂天魄地) : 혼은 승천하고 넋은 땅속으로 스미는 것.

홀기(笏記) : 혼례나 제례의 의식(儀式) 때 순서를 적은 판(板).

회춘(回春) : 중한 병에서 건강을 회복함.

후록(後麓) : 뒷산.

후지(厚紙) : 두터운 한지, 즉 장지로 혼백상자용.

후토(后土) : 토지신.

흉배(凶拜) : 먼저 머리를 조아린 후 공수하는 것으로 참최·재최의 상배.

흉제(凶祭) : 시신을 묘지에 매장한 후 혼백을 제청에 모시고 거행되는
우제부터 길제까지의 제례를 흉제라 함.

흔작(釁酌) : 잔을 향료 연기에 쏘이는 것.

흠향(歆饗) : 음식을 잡수시는 것.

축문 용어(祝文用語)

유세차간지(維歲次干支)의 간지(干支)는 제사지내는 해의 간지.
ㅇ월 간지삭(ㅇ月 干支朔)의 간지(干支)는 제사지내는 달 초하
루의 간지.
ㅇ일 간지(ㅇ日 干支)는 제사지내는 날의 간지.
모명(某名)의 명(名)은 제사의 제주되는 이의 성을 빼고 이름만
쓴다.
모관모군(某官某君)의 모군(某君)은 벼슬이 있으면 관직을 기재
하고 벼슬이 없으면 학생부군(學生府君)이라 기재.
여자(女子)의 모봉(某封)은 부(夫)의 관직에 따라 기재하고 벼
슬이 없으면 유인(孺人)이라 기재
모관모씨(某官某氏)는 본관 성씨를 쓴다

감소고우(敢昭告于) : 삼가 밝게 아뢰옵니다, 처상(妻喪)은 감(敢)자를
　　빼다.
경신전헌(敬神奠獻) : 공경하는 신께 전을 올림.
공수세사우(恭修歲事于) : 공손하게 제사를 올림.
공신전헌(恭伸奠獻) : 공손히 전(奠)을 드림.
근이(謹以) : 이에 삼가.
금신불유(今辰不留) : 영을 받아 더 머무를 수 없음.
기서유역(氣序流易) : 세월이 흘러 바뀜.
득지어(得地於) : 땅을 마련해.
망일부지(亡日復至) : 죽은 날이 다시 돌아옴.
망자(亡子) : 죽은 아들의 신주 첫머리에 쓰는 말.
망제(亡弟) : 죽은 동생의 신주 첫머리에 쓰는 문구.
명일장천(明日將遷) : 날이 밝으면 옮김.
모좌지원(某坐之原) : 묘를 어느 방향으로 잡음.

반구지가(返柩至家) : 영구가 집에 돌아옴.
불승감모(不勝感慕) : 그리워하는 마음 금할 수 없음.
불승감창(不勝感愴) : 비통한 마음 금할 길 없음.
불승영모(不勝永慕) : 사모하는 마음 금할 수 없다.
불자승감(不自勝感) : 감정을 스스로 이기지 못함.
상향(尙饗) : 이제 흠향하옵소서. 제문의 끝에 쓰인다.
세서천역(歲序遷易) : 세월의 차례가 옮겨 버림.
숙흥야처(夙興夜處) : 하루종일.
식준조도(式遵朝道) : 아침 길을 인도함.
신주미황(神主未遑) : 겨를이 없어 신주를 만들지 못함.
심훼비념(心毁悲念) : 슬픈 마음이 가슴을 다 태움.
  아우(弟) 이하는 고우(告于)만 쓴다.
애천협사(哀遷祫事) : 슬픈 마음으로 제사를 지냄.
엄급초우(奄及初虞) : 어언 초우가 돌아옴.
영천지례(永遷之禮) : 영원히 가시는 예.
예불감망(禮不敢忘) : 예로서 감히 잊을 수가 없어.
우로기강(雨露旣降) : 어느덧 비내리고 이슬내림.
유세차(維歲次) : 이 해의 차례라는 뜻으로 제문의 첫머리에 오는 문구.
유시보우(維時保佑) : 계속 보호하고 돌봐줌.
유학(幼學) : 자기를 낮추어 일컫는 것. 벼슬이 없을 때 쓰인다.
자이(玆以) : 이에 지금부터.
재진견례(載陳遣禮) : 가시는 예를 베풀다.
정하가처(情何可處) : 정을 어찌할 바 모름.
정하비통(情何悲通) : 비통한 마음 어찌할 바를 모르겠음.
지천세사(祗薦歲事) : 제사를 올림.
진차전의(陳此奠儀) : 여러 음식을 차려 전을 올림.
천구(遷柩) : 영구를 옮김.
첨소봉영(瞻掃封塋) : 산소를 청소함.
청작서수(淸酌庶羞) : 맑은 술과 여러 음식.
청천구우(請遷柩于) : 청하옵건대 영구를 옮기다.
추원감시(追遠感時) : 추모하는 마음이.
현고(顯考) : 돌아가신 아버지의 신주 첫머리에 쓰는 문구.

현벽(顯辟) : 죽은 남편의 신주 첫머리에 쓰는 말.

현비(顯妣) : 돌아가신 어머니의 신주 첫머리에 쓰는 문구.

현조고(顯祖考) : 돌아가신 할아버지 신주 첫머리에 쓰는 말.

현증조고(顯曾祖考) : 돌아가신 증조할아버지의 신주 첫머리에 쓰는 문구.

현형(顯兄) : 돌아가신 형님 신주의 첫머리에 쓰는 문구.

호천망극(昊天罔極) : 부모의 은혜는 하늘같이 크고 넓다.

휘일부림(諱日復臨) : 돌아가신 날이 다시 돌아옴.

김창선金昌善

충남 아산에서 태어나 천안 중앙고등학교와 충남대학교를 졸업하
고, 성균관대학교 유학儒學 대학원에서 수학하였다.

우리 전통 예절의 장점들을 연구하여 현대의 젊은 세대들에게 접목
시키고 있으며, 또 선현先賢들이 남겨 놓은 유학儒學의 선비정신을
고취시키는 한편 심혈을 기울여 새로운 가치관을 정립하는 데 힘쓰
고 있다.

쉽게 풀어 쓴 상례와 제례

초판 1쇄 발행 1999년 6월 21일 | 초판 4쇄 발행 2018년 7월 20일
지은이 김창선 | 펴낸이 김시열
펴낸곳 도서출판 자유문고
　　　　서울시 성북구 동소문로 67-1　성심빌딩 3층
　　　　전화 (02) 2637-8988 | 팩스 (02) 2676-9759
ISBN 978-89-7030-102-0　04150　값 10,000원
ISBN 978-89-7030-000-9　(세트)
http://cafe.daum.net/jayumungo